Andreas Schuß

BARMHERZIG WIE GOTT

Warum Mitgefühl uns jetzt am meisten hilft

Andreas Schuß, Jahrgang 1971, war Krankenpfleger und hat danach als Gemeindediakon in der Nähe von Hanau in einer Gemeinde gearbeitet. Seit 2012 ist er als Gemeindereferent bei dem internationalen christlichen Kinderhilfswerk Compassion Deutschland tätig. Angestoßen durch sein Studium in praktischer Theologie ist es ihm wichtig, dass sich immer mehr Menschen im Sinne Gottes engagieren, damit unsere Welt gottvoller wird. Er lebt mit seiner Frau und den beiden Kindern in Marburg.

Andreas Schuß

BARM
HERZIG
WIE
GOTT

Warum Mitgefühl
uns jetzt am meisten hilft

Brendow.

Inhalt

Für Steve Volke,
der mich unterstützt und ermutigt hat,
dieses Buch zu schreiben.
Ein liebevolles und großes Dankeschön an
Ivonne, Semjon und Matteo – ihr seid meine Familie!
Danke an Eunike, Torsten, Matthias und Heiko
für eure guten Gedanken.
Meinen Freunden: Ihr seid treue Begleiter
auf meinem Lebensweg!

Einleitung

„Seid barmherzig, wie auch euer Vater im Himmel barmherzig ist", sagt Jesus in der sogenannten Feldrede (Lukas 6,36). In ihr spricht er über allgemeingültige Regeln, die das Zusammenleben verbessern. Darunter auch die Goldene Regel: *„Wie ihr wollt, dass euch die Leute tun sollen, so tut ihnen auch."* Er ermutigt zum Lieben und Gutes tun, zum Vergeben und zum Geben, zum Freigiebig-sein. Und eben auch dazu, barmherzig zu sein.

Barmherzigkeit – das Wort klingt schön und auch recht angestaubt. Irgendwie auch verdächtig. Wer möchte schon auf „Barmherzigkeit" angewiesen sein? Das Adjektiv „barmherzig" macht die Sache auch nicht besser; es klingt trotzdem altmodisch und sentimental.

Gibt man den Begriff Barmherzigkeit bei Google ein, bestätigt sich der Eindruck, Barmherzigkeit scheint nicht en vogue zu sein. Die Einträge, die man findet, stammen vor allem aus dem theologischen Umfeld. Und es deutet alles darauf hin, als würde sich das Wort Barmherzigkeit wohl bald auf der Liste der vergessenen Wörter wiederfinden.

Sprache spiegelt mit ihren verwendeten Worten immer die aktuelle Gesellschaft wider. So kommt es vor, dass aufgrund dieser Dynamik manche Wörter irgendwann aus unserem aktiven Sprachgebrauch verschwinden. *Bandsalat* – niemand nutzt mehr Magnetbänder, da keiner mehr Musik über Kassetten hört. *Fisimatenten* – ich kenne niemanden mehr, der dieses Wort im Sinne von „Mach keine Fisimatenten!" verwendet, um auszudrücken: „Mach keinen Blödsinn!" *Haderlump* – die Steigerung von Lump, habe ich zum Beispiel selbst noch nie verwendet. *Mumpitz, Kokolores* – heute verwenden wir in der Regel das Wort Nonsens oder Blödsinn.

Und Worte wie *Negerkuss* und *Mohrenkopf* sind vollkommen zu Recht politisch nicht mehr korrekt.

„Der Grund dafür ist eigentlich ganz einfach", erklärt Claudia Wich-Reif, Professorin für Geschichte der Deutschen Sprache an der Universität Bonn. „Wir brauchen diese Wörter nicht mehr." Manche Wörter werden aus dem Wortschatz verdrängt, weil sie kaum noch Bedeutung haben und darum nicht mehr wirklich gebraucht werden. Barmherzigkeit scheint dazuzugehören.

Die Barmherzigkeit beerdigen?

Was machen wir nun mit dieser kurzen Bestandsaufnahme? Es gibt zwei Optionen: Wir können entweder den Begriff Barmherzigkeit beerdigen oder retten.

Sie werden es sich schon denken, ich habe mich für die letzte Möglichkeit entschieden. Mir ist es wichtig, Barmherzigkeit neu zu beleben. Barmherzigkeit – in Wort und Tat – zu einem Comeback zu verhelfen.

Dass Barmherzigkeit in unserem aktuellen gesellschaftlichen Kontext nicht gerade hoch im Kurs zu stehen scheint, liegt an verschiedenen Faktoren. Zwar ist der Gebrauch des Wortes relativ „out", doch die entsprechende Einstellung oder Haltung keineswegs. Sie tritt nur unter neuem Namen und in geänderter Form in Erscheinung. Begriffe wie Empathie, Mitgefühl oder Solidarität werden heute stattdessen verwendet.

Also bloß andere Worte, aber gleicher Inhalt?

Nicht ganz.

Aber zu der genauen Bedeutung von Barmherzigkeit später mehr.

Zwei Welten – zwei Haltungen

Barmherzigkeit scheint überall dort vom Aussterben bedroht zu sein, wo unsere Gesellschaft rauer, härter oder halt unbarmherziger geworden ist. Vielleicht sind Sie bei Facebook, Twitter, Instagram oder auf sonst einer sozialen Plattform unterwegs. Im Netz zeichnen sich immer wieder Nutzer durch unbarmherzige, wenig differenzierte und unsensible Kommentare aus. Meist sind es nur ein paar Klicks bis zu einer Kränkung, Demütigung oder zu einem Hasskommentar. Und dann lassen sich schon Kommentare lesen wie:

„Behinderter Lerer ever" (O-Zitat);
„Ich bin dafür, dass wir die Gaskammern wieder öffnen und die ganze Brut da reinstecken";
„Es würde ihnen nicht schaden, mal in der Bibel zu lesen, was Gott in seinem Wort über Homosexualität sagt. Sie werden dafür eines Tages zur Rechenschaft gezogen."

Besonders häufig scheinen mir auf Facebook ausländerfeindliche und rechtsextreme Kommentare aufzutauchen. So kann man unter einem Artikel für Asylbewerber oder zur Flüchtlingspolitik lesen:

„I hät nu a Gasflasche und a Handgranate rumliegen für des Gfrast. Lieferung frei Haus" oder
„Merkel muss öffentlich gesteinigt werden."

Natürlich gibt es auch freundliche, humane, aufmunternde, sich bedankende und zum Geburtstag gratulierende Kommentare. Wahrscheinlich kommen sie sogar häufiger vor als attackierende oder verunglimpfende Äußerungen. Doch nicht nur in der digitalen Welt, sondern auch in unserem di-

11

rekten Miteinander lässt sich wahrnehmen, wie Barmherzigkeit als Haltung zurückgeht. Immer mehr Menschen scheinen sich nicht mehr auf das Schicksal eines anderen einzulassen. Sie wollen nicht Teil der Lebensgeschichte eines anderen werden. Dies wird besonders beim Thema „Flüchtlinge" deutlich. Die einen schotten sich ab und wollen keine weiteren aufnehmen, weil sie meinen:

„Das sind doch keine richtigen Flüchtlinge",
„Deutschland tut doch schon genug",
„Das können wir uns nicht leisten" oder
„Flüchtlinge nehmen uns die Wohnungen weg."

Sie weigern sich, sich in das Schicksal einer Familie aus Syrien hineinzuversetzen, die nicht nur ihr Haus sowie ihr Hab und Gut verloren, sondern oft auch Traumatisches im Krieg und auf ihrer Odyssee nach Deutschland erlebt hat.

Andererseits gibt es auch viele Menschen, die für die Aufnahme von Flüchtlingen sind. Sie engagieren sich ehrenamtlich in der Flüchtlingshilfe. Ob als Patin oder Pate für Geflüchtete. Im Gesprächskreis oder in der Essensausgabe. Etwas in ihrem Innern treibt sie an, barmherzig zu handeln.

Auf der einen Seite Ablehnung und Distanz, auf der anderen Seite Menschenliebe und Mitgefühl – hier wird deutlich, wie unterschiedlich unsere Gesellschaft tickt.

Ein ständiges Ringen

Ein ähnliches Verhalten lässt sich seit Beginn der Covid-19-Pandemie beobachten: Auf der einen Seite ziehen sich manche Menschen zurück, horten Unmengen an Toilettenpapier, Mehl, Hefe oder Handdesinfektionsmittel. Doch andererseits bilden sich auch Nachbarschaftshilfen, „Corona-Kollekten" werden gesammelt, Menschen beten füreinander, tragen konsequent Mundschutz und unterstützen sich gegenseitig. „Mehr sichtbare Zeichen der Solidarität – das hätte ich mir gewünscht"[1], äußerte sich der Europa-Staatsminister Michael Roth mit Blick auf den sozialen Zusammenhalt in Europa. Auch an diesem Beispiel wird deutlich, wie Unbarmherzigkeit und Barmherzigkeit miteinander ringen.

Unbarmherzigkeit scheint ein stetiger Begleiter der Menschheit zu sein. Sie begegnet uns in vielen Gesichtern und Geschichten. Auch in den Evangelien der Bibel wird bereits über so manch hartherziges Verhalten – selbst von gläubigen Menschen – berichtet.

Einmal brachte man eine beim Ehebruch ertappte Frau zu Jesus, und die Pharisäer wollten, um Jesus eine Falle zu stellen, wissen, was mit ihr zu tun sei. Nach dem religiösen Gesetz hätte die Frau getötet, genauer gesagt gesteinigt werden müssen. „Mose hat uns im Gesetz vorgeschrieben, solche Frauen zu steinigen", argumentierten sie ihr unbarmherziges Urteil.

Schier erbarmungslos warteten die Anwesenden auf seine Reaktion. Durch eine verblüffende Aussage von Jesus kommt es nicht zur Steinigung, sondern zu einem barmherzigen Ausweg: „Wer von euch nicht gesündigt hat, darf gerne den ersten Stein werfen."

Anders die Situation in der Apostelgeschichte beim Diakon Stephanus. Als gewählter Diakon der Urgemeinde geriet er in einen Konflikt mit hellenistischen Juden. Eine Gruppierung, die versuchte, die jüdische Volksreligion in die Sprache und Kultur des Hellenismus zu übertragen. Zwar ist nicht bekannt, worum es bei der Auseinandersetzung ging. Um den unbequemen Jesusnachfolger loszuwerden, schmiedeten sie deshalb ein Komplott: Sie setzten die Behauptung in die

Welt, Stephanus habe sich der Gotteslästerung schuldig gemacht. Er wurde vor ein religiöses Gremium gezerrt. Als der Hohepriester Stephanus zu den Vorwürfen befragte, antwortete dieser mit einer geschliffenen Rede, die die Zuhörer aufs Extremste empörte. Anders denken oder gar glauben war nicht gestattet. Ohne Erbarmen trieb ihn die Menge vor die Stadt und steinigte ihn.

Barmherzigkeit schafft einen Ausweg, gibt dem Leben eine neue Weite, ja Leben selbst; Unbarmherzigkeit dagegen treibt in die Enge – nicht nur den, der Hilfe benötigt, sondern auch das Herz dessen, der sich selbst vor ihr verschließt. Die fehlende Sicht für den anderen, eine mangelnde Offenheit, führt letztlich beide Seiten ins Verderben.

Barmherzigkeit – nur wohldosiert?

Ich habe manchmal den Eindruck, dass wir Christen uns in den Gemeinden ganz schön oft mit uns selbst beschäftigen. Wir stecken ganz viel Zeit und Energie in Themen wie Gemeindeentwicklung. Und kreisen darum, wie wir qualitativere Gottesdienste, effektivere Leitung, liebevollere Kleingruppen, zweckmäßigere Strukturen oder geistlichere Bibel- und Gebetsstunden entwickeln können. Alles wichtige Themen – keine Frage. Aber wie viel Zeit und Energie investieren wir als Gemeinde in Schwache und Bedürftige?

In vielen Gottesdiensten wird für karitative Organisationen gesammelt. Manchmal wird auch nicht bloß der Zweck der Kollekte genannt, sondern die Verwendung der Spenden auch anhand von Beispielen konkretisiert. Doch wie oft liegt dann die Gabe bei 48,17 Euro oder so? Das liegt nicht nur daran, weil nur 28 Leute im Gottesdienst saßen. Und dann trifft sich im Anschluss des Gottesdienstes noch der Kirchenvorstand, um sich mit der Renovierung des Kirchendaches auseinanderzusetzen. Veranschlagte Kosten: 900.000 Euro. Scheinen da nicht hier und da die Sammlungen zu einem Ritual der Barmherzigkeit zu verkommen – in homöopathischer Dosis?

Barmherzigkeit scheint es in unserer Gesellschaft manchmal gar nicht so leicht zu haben: Wer eine Kreuzfahrt macht, bucht in der Regel ein All-inklusive-Paket mit Frühstücks-, Mittags- und Abendbuffet. Mehrere Restaurants stehen einem dabei zur Wahl. Unmengen an Lebensmitteln werden auf einem solchen Schiff gelagert.

Was passiert mit den nicht verbrauchten Nahrungsmitteln? Normalerweise landen neben den Bioabfällen auch Dutzende Kilo Lebensmittel, die während der Kreuzfahrt nicht verbraucht wurden, im Müll. In den Häfen können diese nicht einfach gespendet werden, da jedes angesteuerte Land andere Gesetze bezüglich der Hygienevorschriften hat.

So war es lange Jahre auch in Hamburg. Doch nun dürfen, so berichtete Ende September 2020 das Onlineportal *evangelisch.de*, Kreuzfahrtschiffe im Hamburger Hafen ab sofort ihre überschüssigen Lebensmittel an die Tafeln spenden. „Die Stadt habe sich erfolgreich auf Bundesebene dafür eingesetzt, teilte die Verbraucherschutzbehörde am Donnerstag mit. Damit setzten Hamburg, die großen Reedereien und die Tafel gemeinsam ein Signal im Kampf gegen Lebensmittelverschwendung."[2]

In diesem Fall hat sich das barmherzige Teilen durchgesetzt, weil die Stadt Hamburg und alle, die sich da engagiert haben, ihr Herz für die Situation der Bedürftigen geöffnet und die Gesetze angepasst haben.

Barmherzigkeit kommt von Gott selbst

„Seid barmherzig, wie auch euer Vater im Himmel barmherzig ist", sagt Jesus in Lukas 6,36. Wenn er uns so deutlich auffordert, barmherzig zu sein, wie es Gott selbst ist, dann ist Barmherzigkeit eine wesentliche Haltung für uns Menschen – besonders für uns Christen.

Die Quelle der Barmherzigkeit ist Gott. Er wendet sich uns zu. Wir sind erst mal die Empfangenden.

Gott ist der Schöpfer und Vater aller Menschen. Barmherzigkeit gehört daher zum Menschsein des Menschen dazu. Und viele Mitmenschen, ob religiös oder nicht, handeln ja auch entsprechend. Um diese Einstellung leben und Barmherzigkeit verwirklichen zu können, müssen wir die Barmherzigkeit neu entdecken.

Interessant ist, dass die Barmherzigkeit in der Bibel zunächst gar keine menschliche Tugend ist. Zuallererst ist Gott selbst der Barmherzige. Und dann erst ergeht seine Aufforderung an die Menschen:

„Seid barmherzig!"
Die Quelle der Barmherzigkeit ist Gott.
Er wendet sich uns zu.
Wir sind erst mal die Empfangenden.

In diesem Buch wird es nicht nur darum gehen, wie Gott in der Not zu mir steht, für mich ansprechbar ist und mir sein Herz öffnet, sondern es wird auch darum gehen, von einer Spiritualität der Barmherzigkeit ergriffen zu werden. Durch biblische Texte, bewegende Geschichten und konkrete Beispiele des Erbarmens. Es geht darum, selbst ein „Gesicht der Barmherzigkeit" zu sein.

Zwei Fragen möchte ich Ihnen dabei mitgeben:

1. Wie um alles in der Welt, gerade beim Blick in die Welt, soll das gehen, dass ich so barmherzig handle wie Gott?
2. Jesus stellt uns Gott in vielen Worten und Gleichnissen als „barmherzig" vor. Warum scheint für Jesus in der Bibel die Barmherzigkeit eine so zentrale Rolle zu spielen?

Ich lade Sie alle ein, sich von inspirierenden Gedanken und barmherzigen Geschichten berühren zu lassen. Sind Sie mutig genug, diesen Weg mit mir zu gehen? Dann los!

I

BARM

HERZIGER

GOTT

„Die Barmherzigkeit Gottes ist wie der Himmel,
der stets über uns fest bleibt.
Unter diesem Dach sind wir sicher,
wo auch immer wir sind.“

Martin Luther

Kapitel 1

Bitte was?

Barmherzigkeit?

Wer denkt beim Begriff „Barmherzigkeit" nicht gleich an Mutter Teresa? Sie ist die Ikone der Barmherzigkeit. Für ihre Arbeit unter den Leprakranken und Armen in Kalkutta erhielt sie 1979 den Friedensnobelpreis und in der katholischen Kirche wird sie als Heilige verehrt.

Agnes Gonxha Bojaxhio, so ihr eigentlicher Name, stammte aus einer wohlhabenden Familie in Albanien. Sie wuchs in Üsküp (heute: Skopje) mit zwei Geschwistern auf. Da ihre Familie streng katholisch war, besuchte sie katholische Mädchenschulen. 1918, als sie acht Jahre war, starb überraschend ihr Vater. Sein Verlust führte dazu, dass sie Trost in ihrem christlichen Glauben suchte. Recht früh, schon im Alter von zwölf Jahren, entschied sie sich, nach der Schule in ein Kloster zu gehen. Mit 18 bat sie um die Aufnahme als Novizin bei den Loretoschwestern. Als Schulschwester kümmerte sie sich an katholischen Schulen um die Ausbildung und Erziehung von Jugendlichen. Im Zuge dieser Arbeit engagierte sie sich in Irland und verschiedenen südasiatischen Ländern.

Laut ihrem Tagebuch widerfuhr ihr am 10. September 1946 ein weiteres einschneidendes Erlebnis. Auf einer Fahrt durch Indien verspürte sie plötzlich den Drang, armen Menschen zu helfen. Dazu hätte sie aber das Noviziat, also ihre Ausbildungsstätte, verlassen müssen. Sie entschied sich, erst einmal Ordensfrau zu bleiben. Später legte sie dann doch das Habitat der Loretoschwestern ab und kleidete sich wie die armen indischen Frauen. Allein und mittellos begann sie ihre Arbeit in den Slums und ging bis an ihre Grenzen. Frühere Mitschülerinnen schlossen sich ihr an. 1950 gründete sie die Gemeinschaft der Missionarinnen der Nächstenliebe; 1965 wurde sie offiziell vom Papst als Ordensgemeinschaft anerkannt. Sie kümmern sich bis heute um Sterbende, Waisen, Obdachlose und Kranke. Ihr besonderes Augenmerk liegt jedoch in der Betreuung von Leprakranken.

Mutter Teresas Ordensgemeinschaft dient den Armen nahezu auf der ganzen Welt. In rund 135 Ländern arbeiten mehr als 5000 Schwestern in 710 Ordenshäusern. Darunter sind Heime für Lepra- oder Aidskranke, Obdachlose und Kinder. Auch in Berlin-Kreuzberg, Chemnitz, Mannheim, Essen oder Frankfurt am Main gibt es Häuser dieses Ordens. Mutter Teresas Sterbehaus in Kalkutta, wo liebevoll Todkranke gepflegt werden, machte sie weltweit berühmt. „In einer Zeit, in der die Großkirchen zunehmend als unglaubwürdig eingeschätzt wurden, entwickelte sie sich zu einem Vorbild für Gläubige und Nicht-Gläubige auf der ganzen Welt"[3], schrieb das christliche Onlineportal *livenet.ch* über die Bedeutung von Mutter Teresa. 1997 starb sie im Alter von 87 Jahren.

So wurde Mutter Teresa neben dem biblischen Gleichnis vom barmherzigen Samariter zur Symbolfigur für Barmherzigkeit. Sie hat sogar Einzug in unseren Sprachgebrauch gefunden. Der Profifußballer Pongracic, angesprochen auf sein heißblütiges Temperament, sagte einmal: „Ich arbeite daran, dass ich meine Impulsivität ein bisschen kontrolliere, aber ich werde ab morgen auch nicht Mutter Teresa sein."[4] Ebenso der Modeschöpfer Karl Lagerfeld. In einem Interview mit einem Magazin wurde er gefragt: „Was war Ihre größte Freundschaftstat in letzter Zeit?" Daraufhin antwortete er: „Ich bin nicht Mutter Teresa. Ich mache nur das, was mir natürlich vorkommt." Bei vielen Bürgern ist „Bin ich Mutter Teresa?" die Antwort auf die Frage: „Haste mal 'nen Euro?"

Barmherzigkeit ist viel mehr

Ich vermute, darum denken recht viele, Barmherzigkeit bedeute Mitleid mit den Armen haben. Und tatsächlich, *„barmherzig"* kommt aus der gotischen Kirchensprache und ist eine Übersetzung des lateinischen Wortes *„misericors".* *„Misericordias"* bedeutet, sein Herz bei den Armen haben. Ich vermute, darum denken viele Leute beim Begriff Barmherzigkeit vor allem an das Verteilen von Almosen. Vielleicht liegt es auch daran, weil es am einfachsten ist, Geld zu spenden. Doch Barmherzigkeit ist viel mehr: Sie sieht dem anderen ins Auge. Sie bleibt nicht kalt gegenüber anderen Menschen. Man könnte „barmherzig" auch mit „empathisch" beschreiben – „gemeinsam mit einem anderen Menschen leiden". Der barmherzige Mensch kann sich einfühlen in denjenigen, der in einer Not ist.

> *Barmherzigkeit ist viel mehr: Sie sieht dem anderen ins Auge.*

Aber Barmherzigkeit ist mehr als Mitleid. Unter Emotionsforschern wird es definiert als das Gefühl, das entsteht, wenn man mit dem Leiden eines anderen konfrontiert wird und sich motiviert fühlt, dieses zu lindern. Es gehört ein aktives Handeln dazu, dass man sich für etwas einsetzt. Eine barmherzige Person öffnet ihr Herz fremder Not und nimmt sich ihrer an: Dabei kann Zeit zu haben ebenso ein Werk der Barmherzigkeit sein wie die konkrete Hilfe bei der Lösung eines Problems.

Barmherzigkeit spielt nicht nur in der jüdischen wie christlichen Religion eine bedeutende Rolle, sondern gilt ebenfalls im Islam, Bahai oder Buddhismus als eine der Haupttugenden und wichtigsten Pflichten. Barmherzigkeit ist überall dort in den Religionen ein Antrieb, damit wir überhaupt in unseren Herzen angerührt werden; damit wir wahrnehmen können, dass ein anderer leidet – damit wir in und durch Solidarität mit ihm sehen, was ist. Im Islam wird „Allah" sogar in der mittleren Wirkperiode des Propheten Mohammed häufig als „der Barmherzige" bezeichnet.

Barmherzigkeit und die Bibel

Im biblischen Sprachgebrauch ist *„rachamim"* das Wort, das dem deutschen Begriff für Erbarmen und Barmherzigkeit weitestgehend entspricht. Es leitet sich von der Wurzel *„rechem"* ab, schreibt der Theologe Walter Kasper, die für den Mutterschoß oder die Eingeweide steht. Der Ursprung der Barmherzigkeit liegt demnach im Mutterschoß Gottes.

Neben dem hebräischen Hauptwort für Barmherzigkeit *„rachamim"* gibt es Überschneidungen mit dem Wort *hen* (gnädig) und *hesed*. *Hen* zeigt, dass Barmherzigkeit auch Gottes vorbehaltlose Zuwendung zu den Menschen meint, also ein leidenschaftliches Zuvorkommen. Dieser Aspekt wird stärker in den Gleichnissen der Evangelien herausgearbeitet. *Hesed* kommt aus dem Innersten, ist tiefgehend und entspringt aus einer leidenschaftlichen Liebe – wie die einer Mutter zu ihrem Kind.

Barmherzigkeit heißt, dass ich ganz tief beim anderen bin, seine Gefühle teile, in diesem Sinn mit-leide. *Hesed* betont die gütige und wohlwollende, nachsichtige und fast schon zärtliche Zuwendung Gottes.

Im Neuen Testament kommt zum Wortfeld „Barmherzigkeit" noch *Splagchnizomai* (gesprochen: splängh-nē'-zo-meī) hinzu. Dieses Wort weist auf die „Eingeweide" („innere

Organe", „Herz") als Sitz des Mitgefühls hin. Es ist ein besonders starkes Gefühl, das zur Tat – zur helfenden Zuwendung
zu anderen – drängt. Und natürlich präsentiert uns das Neue
Testament Vorbilder:

- Ein Aussätziger kommt zu Jesus und bittet ihn um Hilfe;
er fällt vor ihm auf die Knie und sagt: Wenn du willst,
kannst du machen, dass ich rein werde. Jesus wird von
Splagchnizomai – tiefem Mitgefühl – ergriffen; er streckt
die Hand aus, berührt ihn und sagt: Ich will es – werde
rein! (Markus 1,41+42)
- Jesus zieht durch Städte und Dörfer (…) Als er die Scha-
ren von Menschen sieht, ist er von *Splagchnizomai* – tiefem Mitgefühl – ergriffen; denn die Menschen waren erschöpft und hilflos wie Schafe, die keinen Hirten haben.
(Matthäus 9,35 ff.)
- Als Jesus aus dem Boot steigt und die vielen Menschen
sieht, ist er von *Splagchnizomai* – tiefem Mitgefühl – ergriffen, und er heilt ihre Kranken.

Diese drei beispielhaften Bibelstellen zeigen deutlich, wie
sich Jesus voller Erbarmen den in Not befindlichen Menschen widmet (vgl. Speisungserzählungen, Wundererzäh-
lungen).

In den Evangelien ist Barmherzigkeit das Fundament der
Erlösung. Letztlich wird die Barmherzigkeit Gottes, die Jesus
in einzelnen Heilsgeschichten zeigte, für die Schreiber zur Il-
lustration der Befreiung von Sünde und Tod, die Gott uns
Menschen durch Jesu Tod und Auferstehung anbietet. Paulus
weist im Römerbrief explizit darauf hin, dass die Errettung
völlig von Gottes Barmherzigkeit abhängt und dass die Errettung der sogenannten Heiden nur ein weiterer Beweis für
seine Barmherzigkeit ist:

„Früher habt ihr Gott nicht gehorcht. Aber weil die Juden Christus ablehnten, hat Gott euch seine Barmherzigkeit erfahren lassen. Jetzt wollen die Juden nicht glauben, dass Gott durch Christus mit jedem Menschen barmherzig ist, obwohl sie es doch an euch sehen. Aber auch sie sollen schließlich Gottes Barmherzigkeit erfahren" (Römer 11,30+31).

Erlösung beruht auf Gottes Barmherzigkeit.

Die Erlösung beruht also auf Gottes Barmherzigkeit, seinem intensiven Mitleiden mit dem manchmal zerstörerischen Lebenswandel der Menschen.

Gottes Barmherzigkeit hat das letzte Wort

Auch im Alten Testament in Hosea 11 wird von Gottes intensiven Gefühlen gesprochen: *„Wie könnte ich dich preisgeben, Efraim, wie dich ausliefern, Israel? Wie könnte ich dich preisgeben wie Adma, dich behandeln wie Zebojim? Gegen mich selbst wendet sich mein Herz, heftig entbrannt ist mein Mitleid. Ich will meinen glühenden Zorn nicht vollstrecken und Efraim nicht noch einmal vernichten"* (11,9–10; EIN). Gott ist es nicht egal, welchen Irrweg sein Volk einschlägt. Im Gegenteil: Weil er nicht zuschauen will, wie seine Söhne und Töchter in ihr Unglück rennen, wird er zornig. Zornig wird Gott, wenn sein Volk, an dem ihm etwas liegt, etwas tut, was ihnen schadet. So hat der Zorn nicht das letzte Wort; dies hat der Mutterschoß, die Barmherzigkeit Gottes.

Barmherzigkeit kann sich gegen den Zorn behaupten, da Barmherzigkeit ein so wesentlicher Teil von Gottes Wesen ist.

Barmherzigkeit kann sich gegen den Zorn behaupten, da Barmherzigkeit ein so wesentlicher Teil von Gottes Wesen ist.

Obwohl wir Menschen auch die Fähigkeit haben, Barmherzigkeit zu üben, insbesondere gegenüber denen, zu denen wir bereits eine besondere Beziehung haben, so scheint es doch, dass ein Mangel an Barmherzigkeit für unsere menschliche Natur die Norm ist.

Manche unterstellen einer menschlichen Barmherzigkeit eine eher spontane und emotionale Mitmenschlichkeit, die im Blick auf die Gestaltung gesellschaftlicher Strukturen und politischer Systeme nicht tiefgreifend genug wirkt. Doch erst diejenige, die sich der Not des Nächsten nicht verschließt und damit auch die eigene Bedürftigkeit für einen Augenblick mal vergisst, macht es möglich, sich Notsituationen wirklich entgegenzustellen. Barmherzigkeit gibt den Startimpuls für nachhaltige und tiefgreifende Veränderungen.

Die weibliche Seite Gottes

Es gibt ein Gemälde von Andreas Möck mit dem Titel „rachamim", ein helles Tuch, das Mutter und Kind innig umschließt. Es symbolisiert Wärme und Geborgenheit. Die Form der beiden Köpfe zusammen mit dem Oberkörper des Kindes bildet ein in roten Farbtönen gehaltenes Herz. Das beschreibt recht genau, was da mit dem hebräischen Begriff ausgedrückt werden soll. Eine Verschmelzung von Gottes Barmherzigkeit mit seinem eigenen Wesen. Eine Mutter kann und wird im Normalfall nicht verleugnen, dass sie Mutter ist. Sie ist, in der Regel, vom Wesen her mütterlich.

Gott ist vom Wesen her barmherzig!

„Gott spricht: ‚Kann auch eine Frau ihr Kind vergessen, dass sie sich nicht erbarme über ihren leiblichen Sohn? Und wenn sie desselben vergäße, so will ich doch deiner nicht vergessen'" (Jesaja 49,15).

Wir müssten schon das ganze Universum auf den Kopf stellen, bis Gott sich nicht mehr seiner Kinder erbarmt. Jesaja 49 verdeutlicht die lebensschenkende und lebensgestaltende Dimension der Barmherzigkeit Gottes.

Und wie in unserem Alltag Gottes Wesen, seine Barmherzigkeit, ebenfalls lebensverändernd wirken kann, dem wollen wir in den nächsten Kapiteln auf die Spur kommen.

Kapitel 2

Barmherzigkeit hat einen Namen:

Gott

Abends, nachdem der Tag bewältigt ist, die Kinder im Bett sind, das Wohnzimmer gesaugt und Rechnungen überwiesen sind, beginnt der Feierabend. Dann setze ich mich gerne in einen Sessel, lege eine LP auf (ja, ich höre noch ganz analog Musik von Vinyl) und schnappe mir ein Buch. Vor einiger Zeit habe ich in die Jugendstudie *„Generation Lobpreis"* gelesen. Eine spannende und aufschlussreiche Analyse über den Glauben einer jungen Generation. Im Kapitel *„Wie die Jugendlichen Gott sehen"* ging es im Kern um die Frage: Was ist eigentlich so das, was Gott für dich ausmacht? – Über 95 Prozent stimmten der Aussage zu: „Gott liebt mich bedingungslos." Die meisten der Jugendlichen sehen in Gott also das liebevolle Wesen. Eine ähnlich hohe Zustimmung gibt es bezüglich der Aussagen, dass Gott Jesus zur Erlösung der Menschen gesandt hat. Außerdem, so die Jugendlichen, spendet Gott Trost, erhört meine Gebete und hat einen Plan für mein Leben. Die wesentliche Eigenschaft Gottes ist seine Liebe, die sich im oft verwendeten Bild vom Vater oder guten Freund ausdrückt. Ein Jugendlicher formulierte es so: „Diese bedingungslose, pure Liebe, die nicht aufhört. Das ist eigentlich so das, was Gott für mich ausmacht."

> *„Diese bedingungslose, pure Liebe, die nicht aufhört. Das ist eigentlich so das, was Gott für mich ausmacht."*

Das Gottesbild der Jugendlichen ist durch ein liebevoll mitfühlendes Wesen gekennzeichnet. Diese Aussagen haben mich nicht sonderlich verwundert, da in dieser Studie nicht alle möglichen Jugendlichen, sondern nur stark religiöse, evangelische befragt wurden. Also mehrheitlich junge Menschen, die Angebote einer Kirche oder Freikirche besuchen. Doch eine so positive Sicht über Gott haben nicht alle Menschen. Sie kennen vielleicht die evangelikale US-amerikanische Predigerin Joyce Meyer. Sie ist wohl eine der weltweit bekanntesten christlichen Rednerinnen. Ihre Youtube-Videos werden hunderttausendfach geklickt und ebenso zahlreich verfolgen Menschen ihre TV-Sendungen. Irgendwann postete Joyce Meyer einmal auf Facebook den folgenden Satz: „Gott ist nicht böse auf dich!" Die Resonanz darauf war überwältigend. In nur wenigen Stunden meldeten sich Hunderte Menschen zurück, die sich vergewissern wollten, ob sie diese Aussage auch wirklich so meinte. Allem Anschein nach sind viele Menschen der Überzeugung, Gott sei böse auf sie. Woher kommt dieses Bild von Gott?

Leider – selbst im christlichen Kontext – gibt es viele komische und selbst gebastelte Vorstellungen von Gott. Das Bild von einem alten Opa, der irgendwo im Himmel sitzt, scheint nur noch durch Cartoons in Zeitungen aufrechterhalten zu werden. Doch nicht wenige Menschen schleppen eben das Bild von einem strafenden Gott mit sich herum, der alle, die ihm nicht gehorchen oder die zu wenig tun, bestraft. Ebenso gibt es die weitverbreitete Meinung, der Gott des Alten Testaments sei zornig, strafend und eifersüchtig, während der Vater Jesu im Neuen Testament barmherzig und gütig ist. Gott muss sich also, so die Annahme, irgendwo unterwegs verwandelt haben. Vielleicht ist er über seinen eigenen Schatten gesprungen, oder er hat es selbst eingesehen, dass der harte und strafende Weg mit den Menschen in eine Sackgasse führt.

Unser Selbstbild und das Gottesbild

Wie kommt es, dass es so unterschiedliche Vorstellungen von Gott gibt? Lesen wir die Bibel falsch? Verstehen wir die Gotteserfahrungen der biblischen Autoren nicht richtig? Vielleicht. Ein Punkt, der neben der Lesart der Bibel mit in die Gottesvorstellung hineinspielt, ist unser Selbstbild. Neuere Studien konnten zeigen, dass ein hohes Selbstwertgefühl eher mit dem Bild eines liebenden Gottes verbunden ist, wohingegen umgekehrt ein negatives Selbstbild mit dem eines strafenden Gottes verknüpft wird.

Vorstellungen von Gott können sich aber auch verändern, wenn beispielsweise im Krankheitsfall einer Depression sie sich verdunkelt und eintrübt. Erleben Menschen dagegen einen positiv verlaufenden Heilungsprozess oder gar ein Wunder, dann hellt sich das Gottesbild entsprechend auf. Unsere Vorstellungen über Gott sind eben nicht „in Stein gemeißelt", sondern werden von unterschiedlichen Erlebnissen, Persönlichkeiten und familiären Prägungen beeinflusst.

Ich denke, es ist sinnvoll, sich selbst zu fragen, ob es da eine signifikante Diskrepanz zwischen den persönlichen Vorstellungen von Gott und dem Gottesbild der Bibel gibt. Darum werden wir jetzt einen Blick in die Bibel werfen und Gott, wie er sich dort vorstellt, begegnen.

Mose und der barmherzige Gott

Einer, der sich eigentlich die Frage stellen musste: „Ist Gott böse auf mich?", dem war Gott nicht böse. Denn Moses Mord an einem ägyptischen Aufseher wurde weder bei dessen erster Begegnung mit Gott noch danach thematisiert. Im Gegenteil: Gott hatte mit Mose etwas ganz Besonderes vor.

Er machte ihn zum Anführer Israels, der das Volk aus der ägyptischen Sklaverei herausführte. Und am Berg Sinai erhält Mose sogar die Zehn Gebote aus der Hand Gottes. Mose hatte dort zwei weitere einzigartige Begegnungen mit Gott, in denen er mehr von dem Wesen Gottes erkannte. Zunächst legte er Fürsprache für das störrische Volk vor Gott ein, ehe er darum bat, Gott sehen zu dürfen. Daraufhin rief Gott Mose im Vorübergehen seinen Namen zu und sagte: *„Es liegt in meiner freien Entscheidung, wem ich meine Gnade erweise; es ist allein meine Sache, wem ich mein Erbarmen schenke"* (2. Mose 33,19; GN). Gott gibt sein Erbarmen souverän. Er passt in kein Schema, auch nicht in das einer ausgleichenden Gerechtigkeit.

Dann kommt es zu einer zweiten Offenbarung. Gott steigt in Form einer Wolke als Zeichen seiner geheimnisvollen Gegenwart zu Mose herab und ruft ihm zu:

*„Ich bin der Herr, der **barmherzige** und **gnädige** Gott. Meine Geduld ist groß, meine Liebe und Treue kennen kein Ende! Ich lasse Menschen meine Liebe erfahren über Tausende von Generationen. Ich vergebe Schuld, Unrecht und Sünde, doch ich lasse nicht alles ungestraft. Wenn jemand an seiner Schuld festhält, dann muss er die Folgen tragen, und nicht nur er, sondern auch seine Kinder, Enkel und Urenkel!"* (2. Mose 34,6–7)

„Ich bin der Herr, der barmherzige und gnädige Gott."

Wow! Was für eine Ansammlung von verschiedenen Aussagen über die Wesenszüge Gottes: barmherzig, gnädig, geduldig, treu, liebend, vergebend, gerecht und strafend. In dieser Namensoffenbarung lassen sich zentrale Merkmale über das Wesen Gottes erkennen. Entsprechend wird diese Offenbarungsformel im Alten Testament immer wieder wiederholt. Sie ist so etwas wie ein

Glaubensbekenntnis, eine Art „offizielle" Gottesvorstellung, in der die Aussage *Ich bin der Herr, der barmherzige und gnädige Gott"* zusammenfassend Gott definiert.

———

In der jüdischen Glaubenstradition stehen vor allem zwei Wesenszüge Gottes im Vordergrund: seine Barmherzigkeit und Gerechtigkeit. Auch in der Bibel stehen sich von Anfang an der gerechte, ordnende und der barmherzige und intervenierende Gott gegenüber. Die historische Bibelforschung hat darum die Aufteilung des Pentateuchs auf den Elohisten und den Jahvisten konzipiert. Das rabbinische Judentum hat das ebenfalls sehr genau beobachtet. Und so wurde der ordnende, gerechte Gott meist mit der Gottesbezeichnung *Elohim* benannt und der barmherzige und intervenierende Gott mit dem Tetragram, dem Namen der Selbstvorstellung bei Mose, *JHWH*, wiedergegeben. Um beide Wesenszüge nicht auseinanderdriften zu lassen, werden beide Gottesnamen oft zusammen genannt. „Wo immer JHWH geschrieben steht, bezeichnet dies das Maß der Barmherzigkeit. Wo immer GOTT geschrieben steht, bezeichnet dies das Maß der Gerechtigkeit", fasste der Rabbi Samuel ben Nachman dies zusammen (3. Jahrhundert)[5].

Im Midrasch Rabba, einer Art Kommentarsammlung zu wichtigen Büchern der Bibel, wird das Zusammenspiel und die Spannung zwischen Gerechtigkeit und Barmherzigkeit recht plastisch mit einem Gleichnis von einem König, der zwei leere Gläser hatte, beschrieben:

„Er sagte sich: Wenn ich nur heißes Wasser hineingieße, werden die Gläser zerspringen. Wenn ich nur eiskaltes Wasser hineingieße, werden sie auch platzen. Was also tat er? Er mischte zuerst heißes und kaltes Wasser und goss es dann hinein. So überstanden es die Gläser. Ebenso sagte der Heilige, gepriesen sei er: Wenn ich die Welt nur nach dem Maß der Barmherzigkeit erschaffe, dann wird die Sünde überhandnehmen. Wenn ich sie nur nach dem Maß der Gerechtigkeit erschaffe, wie kann sie dann bestehen? Siehe, ich werde sie nach dem Maß der Barmherzigkeit und dem Maß des Rechts erschaffen, dann wird sie bestehen können!"[6] Beide Seiten Gottes existieren. Er ist der Eine und der Einzige – auch wenn er sich uns so unterschiedlich darstellt. Es liegt an uns, diese Spannung nicht aufzuheben oder irgendwie glattzubügeln.

Beim Propheten Hosea finden wir den Höhepunkt der Offenbarung von Gottes Barmherzigkeit im Alten Testament. Hosea war ein Zeitzeuge von vier Königsmorden, die sich wahrscheinlich in der Zeit seines öffentlichen Wirkens zwischen 750–722 v. Chr. im Nordreich Israels ereigneten. Er versuchte den Glauben seiner Landsleute zu bewahren und kämpfte deshalb aktiv gegen den Irrglauben an andere Götter. Weil das Volk aber zum wiederholten Male Gott untreu wurde, sollte es nicht mehr sein Volk sein. Damit schien für Israel alles aus zu sein. Doch dann steht im Buch Hosea etwas Unglaubliches geschrieben. Gott sagte zu Israel: *Ach, wie könnte ich dich im Stich lassen, Ephraim? (...) Mein Herz wendet sich gegen mich, all mein Mitleid ist entbrannt"* (11,8).

Laut dem Theologen Walter Kasper ist die Aussage im hebräischen Urtext noch viel drastischer: „Gott stürzt seine Gerechtigkeit um, er wirft sie gleichsam über den Haufen."[7] Gott selbst wirft also seinen eigenen Entschluss über den Haufen. Warum? „Gottes Mitleid lodert auf und Gott will seinen lodernden Zorn nicht vollstrecken. Die Barmherzigkeit siegt in ihm über die Gerechtigkeit"[8], schreibt Kasper. An dieser Stelle in der Bibel zeigt sich deutlich:

Gott ist nicht der Gott des Zorns – auch wenn er zornig wird.

Gott ist auch nicht der Gott der Gerechtigkeit – auch wenn er gerecht ist.

Gott ist der Gott der Barmherzigkeit.

Diese theologische Grundwahrheit zeigt sich bei Hosea immer wieder: Die Barmherzigkeit Gottes ist größer als sein Zorn.

Und Jesus als sein Sohn greift diese Botschaft von Gottes Barmherzigkeit auf. Denn sein Leben dreht sich fast ausschließlich darum, den Menschen Gottes Barmherzigkeit zu zeigen – darum wird es im nächsten Kapitel gehen.

Kapitel 3

Barmherzigkeit hat ein Gesicht:

Jesus

Viele Menschen, gerade junge, suchen Halt, Orientierung und Perspektive. Für Leute am Rand der Gesellschaft wird diese Suche schnell existenziell. Das war schon immer so, selbst vor 200 Jahren:

Im 19. Jahrhundert wuchs der kleine Giovanni Bosco in der Nähe von Turin, im italienischen Becchi, auf. Zusammen mit seinen beiden Brüdern und seiner Mutter verbrachte er seine Kindheit in ärmlichen Verhältnissen. Sie mussten oft auf dem Feld mithelfen, damit sie genug zu essen hatten. Er war ein fröhliches Kind. Durch seine Mutter wurde er im christlichen Glauben erzogen. Im Alter von 9 Jahren begegnete Giovanni einmal im Traum Jesus, als er gerade mit Schlägen kämpfende und fluchende Kinder zum Schweigen bringen wollte. Er lernte dann einen Priester kennen, der ihm Latein beibrachte. Weil sein ältester Bruder aber dachte, er wolle sich vor der Feldarbeit drücken, kam es oft zu Konflikten. Erst mit 15 konnte er die Schule besuchen. Um seine Mutter zu entlasten, arbeitete er als Gelegenheitsarbeiter und verdiente so das Geld für die Miete und die Schule. Nach vier Jahren beendete er mit Bravour die Schule. Als er 20 Jahre alt war, entschloss er sich dazu, ins Priesterseminar einzutreten. Jesus Christus war sein größtes Vorbild und ihm wollte er nachfolgen.

Die Agenda des Jesus von Nazareth

Wenn ich jemand nacheifern will, dann muss ich mir im Klaren darüber werden, wofür jemand steht oder was ihn ausmacht. Wenn ich Ihnen die Frage stellen würde: „Wofür steht Jesus? Welchen Auftrag hatte er?", dann bin ich ziemlich sicher, dass die meisten Schlagworte antworten wie „Retter", „Erlöser" oder „Heiland". Allein der Name Jesus, Jeschua – JHWH ist Retter, bezeichnet passend seine Sendung. In Apostelgeschichte 4,12 ist zu lesen: *„Jesus Christus und sonst niemand kann die Rettung bringen. Auf der ganzen Welt hat Gott keinen anderen Namen bekannt gemacht, durch den wir gerettet werden könnten."*

Durch Jesus wird Christen deutlich, wie sehr Gott die Welt liebt, und treffender als im ersten Johannesbrief lässt es sich nicht beschreiben: *„Wir haben es selbst gesehen und sind Zeugen dafür, dass der Vater seinen Sohn gesandt hat als den Retter der Welt"* (1. Johannes 4,14).

So weit, so gut. Jesus selbst scheint aber seiner Sendung noch mindestens eine weitere zentrale Bedeutung zuzumessen. „Ihm geht es auch darum, die Barmherzigkeit Gottes zu verkünden und diese Barmherzigkeit in seiner Person erfahrbar zu machen"[9], schreibt der Theologieprofessor George Augustin. So scheint es auch der Evangelist Lukas zu sehen. Denn er gestaltet seine Biografie über Jesus so, dass die erste von Jesus überlieferte Predigt wie eine Art Antrittsrede wirkt. Chronologisch gesehen ist sie nicht die erste, die Jesus hält, aber der Autor möchte, dass wir sie als solche hören und lesen. Denn diese Predigt in Nazareth, seiner Heimatstadt, macht die Agenda von Jesus deutlich:

„Der Geist des Herrn hat von mir Besitz ergriffen, weil der Herr mich gesalbt und bevollmächtigt hat. Er hat mich ge-

*sandt, den Armen gute Nachricht zu bringen, den Gefange-
nen zu verkünden, dass sie frei sein sollen, und den Blinden,
dass sie sehen werden. Den Misshandelten soll ich die Freiheit bringen, und das Jahr ausrufen, in dem der Herr sich seinem Volk gnädig zuwendet"* (Lukas 4,18–19).

Jesus las in der Synagoge bewusst eine Passage aus Jesaja
61 vor. Anschließend richteten sich alle Augen auf ihn und
die Zuhörer warteten gespannt auf seine Predigt. Er sagte
daraufhin: „Heute, da ihr dieses Prophetenwort aus meinem
Mund hört, ist es unter euch in Erfüllung gegangen." – Ein
einziger Satz! Mehr nicht. Das wars. Zumindest hat uns Lukas
nichts Weiteres überliefert.

Jesus predigte das Evangelium den Armen. Die meisten
seiner Zuhörer waren einfache und arme Menschen. Doch
Jesus erfüllte die Prophezeiung weit über ihre

*In Jesus zeigt Gott
uns sein Gesicht
des Erbarmens.*

wörtliche Deutung hinaus, denn durch ihn
berührte die Barmherzigkeit Gottes die ver-
wundeten Menschen. In Jesus zeigt Gott uns
sein Gesicht des Erbarmens. Er verdeutlicht
uns so, dass er ein Herz für die Menschen hat, die „unter die
Räder" gekommen sind.

Ein Herz für jemanden zu haben, drückt nicht nur aus,
dass man sich gedanklich mit ihm auseinandersetzt. Zur Zeit
Jesu dachten viele Menschen mit dem Herzen. Wir aber, die
wir im 21. Jahrhundert leben, sind eher kopflastig. Wir bevor-
zugen nüchterne Entscheidungen und kluges Denken. Das
Herz hingegen steht bei uns für Gefühle jeglicher Art. In der
Bibel jedoch steht das Herz für das Zentrum des Denkens; es
ist der Sitz für Entscheidungen wie der Ort des Erkennens.
Und der Vorgang des Erkennens ist laut dem Alten Testament nie ein rein intellektueller, sondern stark mit dem Wollen des Herzens verbunden, dass unser Leben ebenso wie die

Persönlichkeit „mitprägt". Auch ist das Herz nach der Bibel ein hörendes, ein wahrnehmendes Organ, es sei „zum Verstehen bestimmt"[10], schreibt Hans Walter Wolff. Und dieses Verstehen ist somit nicht nur das Ergebnis eigenen Nachdenkens, sondern es entspringt aus der Beziehung des Menschen zu Gott. So bittet zum Beispiel der König Salomo Gott um Folgendes: *„Darum schenke mir ein Herz, das auf deine Weisung hört, damit ich dein Volk leiten und gerechtes Urteil sprechen kann. Wie kann ich sonst dieses große Volk regieren?"* (1. Könige 3,9). In der Bibel gehören folglich das Denken und Fühlen stets mit dem Willen zur Umsetzung zusammen. Barmherzigkeit ist insofern immer eine Herzensangelegenheit – Gedanken, Gefühle und Taten geben einander die Hand.

———

Von Don Bosco stammt der Satz: „Steht mit den Füßen auf der Erde und wohnt mit dem Herzen im Himmel." Mit den Füßen auf der Erde zu stehen bedeutete nicht nur für Don Bosco, sondern besonders für sein großes Vorbild Jesus Christus, im Hier und Jetzt fest verortet im Leben zu stehen. Und aus Jesu Perspektive, dass das Himmelreich jetzt beginnt, dass seine Worte und Taten den Himmel auf die Erde bringen.

Die Barmherzigkeit Gottes war ausschlaggebend für Jesus, einen Lebensstil der Barmherzigkeit zu führen. Und wer die vier Evangelien aufmerksam liest, der kommt nicht daran vorbei, wie sehr sich Jesus um die Armen, Schwachen und Ausgestoßenen gekümmert hat.

Der Evangelist Lukas bringt es auf den Punkt: *„Glücklich seid ihr Armen, denn euch gehört das Reich Gottes"* (6,20). Zugleich aber hielt Jesus den Gläubigen damals einen Spiegel vor:

„Überlegt doch einmal, was es bedeutet, wenn Gott sagt: ‚Ich fordere von euch nicht, dass ihr mir irgendwelche Opfer bringt, sondern dass ihr barmherzig seid. Ich bin nicht gekommen, solche Menschen in Gottes neue Welt einzuladen, bei denen alles in Ordnung ist, sondern solche, die Gott den Rücken gekehrt haben'" (Matthäus 9,13).

Gelebte Barmherzigkeit ist Gott viel wichtiger als jede äußerliche Form von Frömmigkeit. Gott geht es um unser Herz. Es geht darum, etwas zu unserer Herzensangelegenheit zu machen, das Gott am Herzen liegt. Jesus sprach deswegen zeit seines irdischen Lebens über Barmherzigkeit nicht in unkonkreten oder verschwommenen Begriffen. Er erzählte vielmehr Gleichnisse über sie und lebte vor, was Barmherzigkeit bedeutet. So machte er sie sichtbar und spürbar.

Gelebte Barmherzigkeit ist Gott viel wichtiger als jede äußerliche Form von Frömmigkeit.

Eines seiner ersten Wunder beispielsweise wirkte er an einem Mann, der an Aussatz erkrankt war: *„Jesus hatte Mitleid mit ihm, streckte die Hand aus und berührte ihn. [...] ‚Sei gesund!' Im selben Augenblick verschwand der Aussatz und der Mann war geheilt"* (Markus 1,41+42).

Und an anderer Stelle berichtet Lukas, wie am Stadttor vor Jericho ein Blinder sitzt. Als dieser mitbekommt, dass Jesus im Begriff ist, an ihm vorbeizugehen, ruft er gegen den Widerstand der Leute, die ihn zum Schweigen bringen wollen: *„Jesus, Sohn Davids! Hab Erbarmen mit mir!"* (Lukas 18,38). Jesus blieb daraufhin stehen, ließ den Blinden zu sich holen und machte ihn sehend.

Der Wendepunkt für leidende Menschen damals wie heute liegt in der Barmherzigkeit – in einem Herz, das mitfühlt.

Don Bosco hatte ein solch mitfühlendes Herz. Nach der Priesterweihe lebte er weiter im Konvikt in Turin. Jedes Mal, wenn er durch die Straßen Turins ging, war er entsetzt von der Armut, die dort herrschte. Die beginnende Industrialisierung hatte viele Menschen mit der Hoffnung auf Arbeit in die Stadt ziehen lassen. Die Realität dort sah allerdings anders aus. Die Bedingungen in den Fabriken waren miserabel. Viele von den Arbeitern, insbesondere die jungen, landeten auf der Straße. Viele Jugendliche hatten keine Eltern mehr und mussten sich durchschlagen – mit Betteln oder Stehlen.

Eines Tages traf Don Bosco einen solchen Waisenjungen in seiner Kirche. Er unterhielt sich mit ihm und stellte fest, dass sich niemand um die zerlumpten Jugendlichen kümmerte. Er beschloss, diesem Straßenjungen wie auch anderen zu helfen. In der Folge verbrachte er viel Zeit mit ihnen. Er hörte ihnen zu, begegnete ihnen auf Augenhöhe und erzählte ihnen von Gott. „Er ist verrückt geworden", dachten damals viele Menschen über den Priester Don Bosco. Er sollte sogar von zwei Priesterkollegen ins Irrenhaus gebracht werden. In seinen Erinnerungen schrieb Don Bosco dazu: „Ich durchschaute das Spiel, das sie mit mir vorhatten. Ohne mir etwas anmerken zu lassen, begleitete ich sie zur Kutsche, bestand aber darauf, dass sie als Erste einsteigen. Aber anstatt dann auch einzusteigen, verriegelte ich die Tür und rief dem Kutscher zu: ‚Schnell ins Irrenhaus. Die beiden Herren werden erwartet.' Sie landeten so selbst für einige Stunden hinter Gittern."[11]

Die Menschen damals hatten für seinen Einsatz kein Verständnis. In ihren Augen waren die Straßenkinder nichts wert. Doch aus seinem Glauben heraus nahm sich Don Bosco den Opfern der Industrialisierung – Kindern und Jugendlichen – an und ließ sie spüren, dass jeder Einzelne von ihnen wertvoll ist. Wie der barmherzige Samariter setzte er sich ein, um denen zu helfen, die unter die Räuber, hier die Industriellen, gefallen waren.

Die Zahl der Jugendlichen, um die sich Don Bosco kümmerte, nahm rasch zu, sodass seine Mutter zu ihm zog und ihn unterstützte. Weitere Menschen schlossen sich ihm und seinem Anliegen als Mitarbeiter an. 1867 gründete er dann einen katholischen Orden, die Salesianer Don Boscos und 1872 eine Schwesterngemeinschaft. 1888 verstarb Don Bosco. Im Laufe der Jahre hatten sich ihm 773 Salesianer und 276 Novizen in über 50 Häusern angeschlossen. Heute kümmern sich die über 15.000 Mitglieder seines Ordens um einige Millionen Kinder und Jugendliche auf der ganzen Welt.

Jesus wohnte so tief in seinem Herzen, dass er Don Bosco mit seiner Barmherzigkeit erfüllen konnte. Gottes Herzensanliegen wurde zu seinem. Und durch die Kraft des Heiligen Geistes konnte Don Bosco ein Stück Himmel auf diese Erde bringen.

Welche wichtige Rolle der Heilige Geist beim Entfalten von Barmherzigkeit in dieser Welt spielt, dem werden wir im nächsten Kapitel nachgehen.

Kapitel 4

Barmherzigkeit hat Hände und Füße:

Der Heilige Geist

Stellen Sie sich vor, sie gehen jeden Tag in einem Slum zur Arbeit. Sicherheitshalber mit gesenktem Kopf, denn es kann sein, dass jemand über ihnen aus dem Fenster Schlamm, Müll oder was auch immer wirft. Auf den Straßen lungern obdachlose Männer, Frauen oder sogar Kinder herum. Die meisten nehmen harte Drogen und liegen im Vollrausch irgendwo an der Straße rum. Banden versetzen das Viertel in Angst und Schrecken. Die Kriminalitätsrate ist enorm hoch. Das ist nicht der Arbeitsplatz, der den meisten von uns vorschwebt. Ein helles Büro mit großartigen Designermöbeln und freundlichen Kolleginnen in einer deutschen Großstadt wäre da eher nach unserem Geschmack. Doch eine unerschrockene Frau wählte sich exakt einen solchen Ort als Arbeitsplatz aus. Und das über viele Jahrzehnte.

Als Missionarin in der ummauerten Stadt

Jackie Pullinger wurde 1944 in London geboren und wuchs in einer christlichen Familie auf. Als Mädchen hatte sie mal den Wunsch, Missionarin zu werden. Doch dieser verflüchtigte sich bei ihr als Teenagerin wieder. Sie studierte am *Royal College of Music*. Dann, durch einen Besuch bei Freunden, erwachte ihr Wunsch, Missionarin zu werden, wieder zum Leben. Sie beherzigte den gut gemeinten Rat eines Vikars in London und ging an Bord eines Schiffes, das weltweit möglichst viele Häfen ansteuern sollte. Während dieser Schiffsreise betete sie, Gott möge ihr zeigen, wo sie aussteigen sollte. Sie ging in Hongkong von Bord. Dort, in einem städtischen Slumviertel, der sogenannten *Walled City*", begann sie ihre Tätigkeit als Missionarin.

In diesem kleinen Viertel lebten dicht gedrängt über 30.000 Menschen. Offene Abwasserkanäle verliefen unter behelfsmäßig errichteten Gebäuden, die so eng und hoch gebaut, ja gestapelt waren, dass kein Licht in die schmalen Straßen darunter gelangen konnte. Die „ummauerte Stadt" lag zwischen China und dem unter britischer Verwaltung stehenden Stadtgebiet – ein praktisch gesetzloser Ort. „Walled City" war ein Ort extremer Armut, voller Drogenabhängiger, Triadenbanden und Prostitution.

In den ersten Monaten lernte Jackie ein chinesisches Ehepaar kennen, von dem eine besondere Ausstrahlung ausging. Als sie die beiden fragte, was ihr Geheimnis sei, verwiesen sie auf den Heiligen Geist, der in ihnen wohne.

Für Jackie war der Heilige Geist eine fast vergessene Dimension ihres Glaubens. Sie mühte sich fast ein Jahr lang ab, ging jeden Tag in die ummauerte Stadt und versuchte so gut wie möglich, den Obdachlosen, Prostituierten und Süchtigen zu helfen. Immer wieder besuchte sie auch dieses Ehepaar. Die beiden wollten Jackie ermutigen, das Sprachengebet auszuprobieren. Doch ihr war das viel zu peinlich, es wirkte nutzlos und seltsam.

Eines Tages traf sie dann auf US-amerikanische Missionare. Sie gaben ihr eine biblische Begründung für den Sinn und Zweck des Heiligen Geistes und des Sprachengebets mit. Außerdem den konkreten Rat, täglich eine halbe Stunde in anderen Sprachen zu beten. Damit änderte sich auf einmal ihr Leben. Jackie besuchte immer noch regelmäßig die Drogenabhängigen, so wie früher, aber nun war etwas anders. Und zwar: Die Junkies waren bereit, umzukehren und Jesus in ihr Leben aufzunehmen. Jackie stellte für sich selbst fest: „Ich habe die gleichen Werke getan – aber der Unterschied war jetzt, dass Gott mich zu den richtigen Leuten führte."[12] Sie lernte, mit der Kraft des Heiligen Geist zusammenzuarbeiten, und erlebte im Laufe der Jahre wahre Wunder der Barmherzigkeit.

Der Heilige Geist

Der Heilige Geist ist für den einen oder die andere vielleicht ebenfalls, wie früher für Jackie, eine nebulös erscheinende geistliche Größe. Vielleicht keine vergessene Dimension, aber er spielt für sie keine so große Rolle wie Jesus oder Gott. Das mag daran liegen, dass der Heilige Geist weniger personal ist als zum Beispiel Jesus, der als Mensch in unserer Welt lebte. Sich den Heiligen Geist konkret vorzustellen, fällt vielen von uns schwer. Auch wenn wir davon überzeugt sind, dass wir den Heiligen Geist empfangen haben und er ein Wesen des dreieinen Gottes ist. Die Bibel gebraucht wohl darum unterschiedliche Bilder für den Heiligen Geist: Feuer, Sturmwind, Taube oder Atem. Für manche bringt der Heilige Geist eine eher erinnernde Kraft mit sich. Er lässt uns im Alltag an Jesus denken und schiebt den inneren Prozess an, sich Gott bewusst zuzuwenden. Auch verleiht er verschiedene Gaben, unter anderem Liebe, Geduld oder Frieden.

Über den Heiligen Geist gibt es recht unterschiedliche theologische Meinungen. Einig ist man sich aber wohl darin, dass der Heilige Geist jenes Wesen Gottes ist, das sich im Menschen auswirkt. Im Neuen Testament wird der Heilige Geist auch „Paraklet", also „Tröster" oder „Beistand", genannt. Und später, wenn die Verkündigung des christlichen Glaubens in der Apostelgeschichte oder den Briefen etwas Fahrt aufnimmt, ist stets der Heilige Geist im Spiel.

Im Alten Testament ist die Situation eine andere wie auch das Wirken des Heiligen Geistes. Dort wird der Geist Gottes zunächst als „ruach", als Wind oder als Atem, vorgestellt. Insgesamt über 300-mal kommt er im Alten Testament vor. Insbesondere in den Büchern Hesekiel und Jesaja.

Ein neues Herz, ein neuer Geist

Der Prophet Hesekiel ist einer der Gefangenen, die aus Jerusalem, zur Zeit des Königs Jojachin, von den Babyloniern ins Exil nach Babel verschleppt wurden. An dem Tag, an dem er eigentlich als Priester eingesetzt werden sollte, sieht er die Herrlichkeit Gottes. In einer eindrucksvollen Vision nimmt er wahr, dass Gott sich über das Verhalten des Volkes Israel ärgert. Die Leute tun nicht, was sie als Gottes erwähltes, beispielhaftes Volk tun sollten. Sie beten vielmehr andere Götter an. Gott setzt daraufhin Hesekiel als Propheten ein. Er klagt Israel wegen seines Fehlverhaltens und seiner Untreue an und erklärt dem Volk, dass es Gottes Urteil verdient hat, aber auch, dass Gottes Barmherzigkeit Hoffnung für die Zukunft ermöglicht.

Im Bild des guten Hirten beschreibt Hesekiel, wie Gott sich seines Volkes erbarmen wird. Mehr noch, er wird einen großen Veränderungsprozess anstoßen: *„Ich schenke euch ein neues Herz und lege einen neuen Geist in euch. Ich nehme das Herz von Stein aus eurer Brust und gebe euch ein Herz von Fleisch"* (Hesekiel 36,26+27).

Ein neues Herz, einen neuen Geist, das brauchen viele Menschen – immer wieder. In vielen Gemeinden gehen sich Menschen aus dem Weg. Es wird so viel taktiert. Manchmal ist es sogar ein richtiges Bekämpfen. Mitten unter Christen. Ich persönlich finde, Christen sind nicht gerade dafür bekannt, dass sie barmherzig miteinander umgehen. Wir urteilen hart über andere Mitchristen. Zumindest, wenn man sich mal in den sozialen Medien umsieht. Dort urteilen viele erbarmungslos über den Glauben anderer. Teilweise wird da sogar der Glaube oder die Liebe zu Jesus anderen abgesprochen. Ehrlich gesagt, mich irritiert das etwas. Der Heilige Geist in uns sollte doch aus hart*herzigen* Menschen barm*herzige* Menschen machen.

Ein neues Herz, einen neuen Geist, das brauchen viele Menschen – immer wieder.

Im Alten Testament mit seinem ganzheitlichen Blick auf den Menschen wird das Herz nicht nur als das zentrale Organ unseres Blutkreislaufes beschrieben, von dessen regelmäßigem Schlag unser Leben abhängt. Es ist auch das Zentrum der Gefühle und Gedanken. Die Schaltstelle für Wahrnehmungen, Gefühle, Empfindungen, Wünsche, Entscheidungen. Insofern ist das Herz, das seelisch-geistige Zentrum des Lebens, der Wesenskern einer jeden Person.

Der Heilige Geist in uns sollte doch aus hartherzigen Menschen barmherzige Menschen machen.

Und Hesekiels Diagnose ist offensichtlich: „steinernes Herz". Der medizinische Fachbegriff wäre Arteriosklerose (umgangssprachlich „Arterienverkalkung"). Durch Ablagerungen kommt es in den Herzkranzgefäßen zu Verhärtungen. Das Blut zirkuliert nicht mehr so schnell – bis zur vollständigen Verstopfung bzw. Verhärtung. Dann hilft nur noch eins: sofortige Notoperation.

Steinerne Herzen, verhärtete Herzen

Jesus hat bei seinen Zeitgenossen immer wieder ein verhärtetes Herz diagnostiziert. Nicht organisch, sondern so beschrieb er den Zustand ihres seelisch-geistigen Zentrums: Euer inneres Wesen ist hart, undurchlässig und erbarmungslos. Ihr seid gleichgültig gegenüber dem Leid anderer. Ihr urteilt hart über den Fehler des anderen. Ihr beutet die Schwachen aus. Ihr vergesst, den Hilfsbedürftigen zu helfen. Es fließt kein Erbarmen mehr durch euer Herz.

Wenn Gott nun durch den Propheten Hesekiel sagt, er möchte uns ein Herz aus Fleisch geben, dann meint er damit nichts anderes, als dass unser Herz wieder beweglich wird. Dass wir bewegt sind und werden von Gott und von anderen Menschen. Dass wir unseren Fokus neu ausrichten auf „Gott in uns" und somit auf mehr Barmherzigkeit und Mitgefühl.

Gott lässt uns bei dieser „Herzoperation" nicht allein.

Das Gute ist, Gott lässt uns bei dieser „Herzoperation" nicht allein. Er selbst nimmt das steinerne Herz weg und setzt ein lebendiges ein.

Operation also geglückt. Ganz ohne mein Zutun? Ja, aber ...

Das neue Herz muss erst mal anwachsen. Wir müssen es annehmen. Nur allzu oft sind wir noch hin- und hergerissen. Veränderung geschieht nämlich langsam. Sie ist ein Prozess, der ohne die Hilfe des Heiligen Geistes gar nicht möglich wäre. Viele Christen probieren das zwar aus eigener Kraft, doch auf Dauer funktioniert das so nicht. Darum hilft uns dabei bereits ein Gebet aus den Psalmen: „*Gott, schaffe mich neu: Gib mir ein Herz, das dir völlig gehört, und einen Geist, der beständig zu dir hält*" (Psalm 51,12). Gott, Jesus und der Heilige Geist bewirken diese Veränderung in uns. Sie ist ein passives Geschen an uns: *„Wir alle aber stehen mit unverhülltem Gesicht vor Gott und spiegeln seine Herrlichkeit wider. Der Herr verändert uns durch seinen Geist, damit wir ihm immer ähnlicher werden und immer mehr Anteil an seiner Herrlichkeit bekommen"* (2. Korinther 3,18).

Durch die Kraft des Geistes

Von einem brasilianischen Theologen habe ich folgenden Satz: „In der Geschichte erweist sich der Geist als eine vulkanische Kraft, als ein Sturm, der die Menschen erfasst und veranlasst, großartige Dinge zu tun."[13]

Die ersten Kapitel der Apostelgeschichte berichten von solch gewaltigen Veränderungen im Leben der Jüngerinnen und Jünger durch die Kraft des Heiligen Geistes. Von einem Tag auf den anderen wurden die Nachfolger Jesu verändert. Sie platzten fast vor Energie und Tatendrang. Ohne große Organisation, Einladungsaktionen oder Werbekampagnen redeten sie spontan mit den Menschen über ihren Glauben. Die Folge: Hunderte entschieden sich für ein Leben mit Jesus.

Ähnliche Erfahrungen machte Jackie Pullinger. Mit dem Heiligen Geist im Rücken wurde ihr Dienst unter den Junkies in Hongkong immer größer. Normalerweise wird ein Drogenentzug medizinisch und psychotherapeutisch begleitet, da die Schmerzen entsetzlich sind und den Körper so sehr angreifen, dass dies lebensgefährlich sein kann. Doch bis heute hat Jackie Pullinger eine ganz simple Entziehungskur: Christen beten intensiv für die Junkies. In vielen Fällen, so wird über ihre Arbeit berichtet, wurden die Drogensüchtigen vom Heiligen Geist erfüllt und erlebten einen schmerzfreien Entzug. Sie stellte allerdings fest, dass der Ausstieg von der

Droge nur der erste Schritt in ein besseres Leben war. Diese Männer und Frauen brauchten ein stabiles und liebevolles familiäres Umfeld, in dem sie ihren neuen Lebensstil festigen konnten. Jackie und ihre Mitstreiter begannen daraufhin, Süchtige in ihre Wohnungen aufzunehmen. Dabei erlebten sie immer wieder, wie sich das Wunder des schmerzlosen Entzugs wiederholte. Ein Phänomen, das von verschiedenen Ärzten bestätigt wurde.

Doch ihre Geschichte ging noch weiter: Jackie begann wöchentlich stattfindende Treffen in der Walled City für Drogenabhängige zu organisieren, damit sie Jesus kennenlernen konnten. Die Nachricht verbreitete sich schnell, und bald fanden zwei Treffen pro Woche statt. Die Süchtigen kamen, nahmen Jesus an und empfingen die Kraft des Heiligen Geistes.

Die Arbeit von Jackie wuchs immer weiter. Man lieh ihr dann eine alte provisorische Unterkunft, die „Hang Fook Camp" genannt wurde. Eine Ansammlung von Blechhütten auf einem Grundstück im ärmsten Bezirk Hongkongs. Hunderte von Drogenabhängigen kamen im Laufe der Jahre in das Camp und wurden frei von Drogen. Wie in einer großen Familie lebten sie dort zusammen, arbeiteten miteinander, aßen und beteten gemeinsam. Eine T-Shirt-Druckerei wurde gegründet und regelmäßige Hilfseinsätze für die Armen und die Obdachlosen in ganz Hongkong wurden gestartet.

„Wir begannen, für sie zu kochen, für sie zu beten und sie manchmal unterzubringen", berichtet Jackie Pullinger zurückblickend. Auf der Homepage der St. Stephens Society, so der Name von Pullingers Sozialwerk, kann man lesen, dass es eine Zeit vieler Wunder war. Unzählige Menschen aus ganz Hongkong kamen zu den Treffen am Sonntagnachmittag. Anwälte, Banker und Regierungsbeamte saßen auf einmal neben Süchtigen und Anführern von Triaden-Gangs und beteten gemeinsam Gott an. Anfang der 1990er-Jahre wurde

„Walled City" dann abgerissen und auf dem Gelände ein Park errichtet. Dort steht nun eine Modellnachbildung der alten Stadt und daneben eine Gedenktafel, die Jackies Arbeit würdigt. Bis zum heutigen Tag widmet sich Jackie Pullinger den Armen und Vergessenen.

Ihre Geschichte darf uns Mut machen. Mut, die Herausforderung Jesu *„Seid barmherzig, wie euer Vater barmherzig ist"* anzugehen. Allein auf uns gestellt werden wir scheitern. Aber die verändernde Kraft des Heiligen Geistes kann unser Herz weichmachen und uns zur Barmherzigkeit befähigen. Welche Auswirkungen das haben kann, dem kommen wir in den nächsten Kapiteln auf die Spur.

II

BARM

HERZIGE

VERSÖHNUNG

„Das Erbarmen Gottes öffnet uns die Augen
für die Einzigartigkeit und den Wert jedes Menschen."

Brennan Manning

Kapitel 5

Barmherzigkeit und noch mal Barmherzigkeit:

Der Gott Jonas

Ein Mann, der einem fast automatisch beim Begriff Barmherzigkeit in den Sinn kommt, ist Jorge Mario Bergoglio – besser bekannt unter Papst Franziskus. Er wuchs mit zwei Brüdern und zwei Schwestern in Argentinien auf. Sein Vater war als Bahnangestellter für die Eisenbahn tätig. In seiner Freizeit interessierte Jorge sich vor allem für Fußball. Noch heute soll er Fan der argentinischen Fußballmannschaft San Lorenzo sein. Mit 22 trat er dem Jesuitenorden bei und Jahrzehnte später ernannte Papst Johannes Paul II. ihn zum Kardinal. Es war in dieser Zeit, als der Argentinier in einem Gremium des Vatikans aufgefordert wurde, differenzierter zu erklären, was er mit seinem so oft verwendeten Begriff „Barmherzigkeit" meinte. Es wäre einfach für ihn gewesen, den katholischen Katechismus zu zücken und unter Artikel 2447 Folgendes vorzulesen:

„Die Werke der Barmherzigkeit sind Liebestaten, durch die wir unserem Nächsten in seinen leiblichen und geistigen Bedürfnissen zu Hilfe kommen [Vgl. Jesaja 58,6+7; Hebräer 13,3]. Belehren, raten, trösten, ermutigen sowie vergeben und geduldig ertragen sind geistliche Werke der Barmherzigkeit. Leibliche Werke der Barmherzigkeit sind vor allem:

die Hungrigen speisen, Obdachlose beherbergen, Nackte bekleiden, Kranke und Gefangene besuchen und Tote begraben [Vgl. Matthäus 25,31–46]."

So einfach machte es sich aber der spätere Papst Franziskus nicht. Er hatte eine eigene Sicht von Barmherzigkeit, und um diese zu erläutern, so berichtete der Deutschlandfunk im August 2013, erzählte er die Geschichte des Propheten Jona:

„Für Jona war alles klar. Er hatte klare Vorstellungen, was Gott betraf, und auch darüber, was gut und was böse war. Darüber, was Gott machte und was er wollte, wer die Gläubigen des Bundes waren und wer dagegen außerhalb des Bundes stand. Er hatte das Rezept dafür, wie man ein guter Prophet war. Gott brach wie ein Wirbelsturm in sein Leben ein. Er schickte ihn nach Ninive. Ninive ist das Symbol für alle Getrennten und Verlorenen, für alle Peripherien der Menschheit. Für alle, die außerhalb leben, die fernstehen.

Jona sah, dass die ihm übertragene Aufgabe lediglich die war, all diesen Menschen zu sagen, dass die Arme Gottes noch immer weit offen waren, dass Gott da war, sie geduldig erwartete, um sie mit seiner Vergebung zu heilen und mit seiner Zärtlichkeit zu umgeben. Nur dazu hatte ihn Gott ausgesandt.

Er schickte ihn nach Ninive.

Jona aber flüchtete in die entgegengesetzte Richtung, nach Tarsus.

Jona floh nicht vor einer schwierigen Aufgabe. Nein. Das, wovor er floh, war nicht so sehr Ninive, sondern vielmehr die unermessliche Liebe Gottes zu den Menschen. Das war es, was nicht in seine Pläne passte. Gott ist einmal gekommen. ‚Und für den Rest werde ich sorgen', hatte sich Jona gesagt. Er wollte die Dinge auf seine Weise machen, wollte alles selbst in die Hand nehmen. Seine Starrköpfigkeit machte ihn zum Gefangenen seiner strukturierten Urteile, seiner vorgefassten Methoden, seiner korrekten Meinungen. Er hatte seine Seele mit dem Stacheldrahtzaun dieser Gewissheiten abgegrenzt. Jona wusste nicht mehr, dass Gott sein Volk mit dem Herzen eines Vaters führt."[14]

Jona und Gottes Barmherzigkeit

Barmherzigkeit und noch mal Barmherzigkeit – für den Propheten Jona scheint das eine Nummer zu groß zu sein. Ausgerechnet für die Menschen in Ninive. Gott sandte ihn doch gerade deshalb nach Ninive, weil die Schlechtigkeit der Einwohner zu ihm gedrungen war. Sie lebten exzessiv und hemmungslos; sie waren unfair und korrupt, menschenverachtend und unfreundlich. Die Zehn Gebote, die ihnen sicherlich bekannt waren, interessierten sie nicht. Sie setzten sich ohne mit der Wimper zu zucken über sie hinweg.

Als Jona die Stadt durchquerte, musste er sich durch die Massen der Menschen drängen: von Geschäft zu Geschäft, den Königspalast umrundend, um sich danach vielleicht kurz von einem Eselskarren durch die Menge kutschieren zu lassen. Irgendwann, mitten auf einem Marktplatz, mischte er sich mit hektischen Gesten ins Getümmel, um lauthals den Einwohnern Ninives ihr baldiges Ende in ihre erstaunten Gesichter anzukündigen: „Alle mal herhören! Gott sagt: In vierzig Tagen ist eure Stadt nur noch ein Schrotthaufen!"

Mir scheint, Jona erwartete von seiner Bußpredigt eine ganz bestimmte Reaktion der Leute – nämlich keine. Völlige Ignoranz gegenüber seiner Botschaft. Vielleicht hatte er eine solche Reaktion sogar erhofft. Denn Ninive lag in Assyrien. Und die Assyrer waren einer der ärgsten Feinde der Hebräer.

Doch Irrtum, Herr Prophet! Falsch gedacht. Umsonst gehofft. Die Menschen in Ninive trieben keinen Hohn und Spott mit ihm. Sie kehrten auch nicht in ihren gewohnten Alltag zurück oder warteten wie gelähmt auf den vernichtenden Schlag Gottes. Jona konnte kaum glauben, was nun geschah: Die Einwohner von Ninive vollzogen vor seinen Augen einen enormen, wunderbaren Sinneswandel. Sie nahmen urplötzlich seine Worte ernst, nach dem Motto: Vielleicht lässt sich der Gott des Volkes Israel ja doch noch umstimmen. Es kann ja nicht schaden, wenn wir ein Fasten ausrufen. (Damals galt ein asketischer Lebensstil als Signal für den guten Willen.)

Der vierzigste Tag kam und ging vorbei. Nichts passierte. Jona wird sich bestimmt gefragt haben: Zum Kuckuck noch mal, warum passiert denn nichts? Das soll jetzt gerecht sein? – Und vermutlich fragt sich das nicht nur Jona …

Und was Jona weiter umtrieb, war das sich verändernde Bild über Wahrheit. Da war nämlich zunächst nur diejenige, die besagt: Leute, wenn ihr klug seid, dann haltet euch besser an die Gebote Gottes. – Doch diese biblische Geschichte stellt nun eine weitere Wahrheit daneben. Ihre Botschaft lautet: Lasst euch von Gottes Barmherzigkeit umarmen. Gottes Liebe überwindet allen Mist, den man gebaut hat.

Gottes Liebe überwindet allen Mist, den man gebaut hat.

Jona sitzt im Osten der Großstadt in seiner selbst gebauten Hütte und will diese Wahrheit nicht hören. Er macht Gott Vorwürfe: „O Mann, Gott, war ja klar, ich wusste es schon vorher! Du bist einfach zu barmherzig. Du bist so geduldig, liebst die Menschen ohne Ende, du bist einfach zu nett! Wenn du jemandem eine Strafe androhst, tut es dir im selben Augenblick schon wieder leid, und dann ziehst du es doch wieder nicht durch. Darum wollte ich diesen Auftrag gar nicht erst annehmen."

Jona tut sich mit Gottes Barmherzigkeit, die den Menschen vergibt, schwer. Vielleicht fällt es ihm auch schwer, sich von Gott lieben zu lassen? Denn das ist wirklich schwierig. Sich lieben lassen – abgesehen von jeglicher Leistung und trotz aller Irrwege, die man so im Leben beschritten hat. Kindern scheint das viel leichter zu fallen. Und Eltern wissen meist, dass zuerst die Umarmung kommt und anschließend die Strafpredigt. Diese Reihenfolge ist bei Kindern zu beachten. Bei Jona funktioniert sie allerdings auch umgekehrt.

Letztlich geht aber Jonas Unverständnis für Gottes Verhalten so weit, dass er sagt: „Ach, was soll die ganze Aktion hier überhaupt! Von mir aus kannst du mich gerne zu dir holen! Zu sterben ist für mich gerade besser als zu leben!"

Entspricht das der Haltung eines frommen Menschen? – Jain. Zumindest treffe ich gelegentlich Menschen, die ebenso Gottes strafendes Gericht über andere herbeisehnen. Die es als gerecht empfinden, wenn alle, die Gottes Gebote ignorieren und nicht an Gott glauben, ihre gerechte Strafe erhalten. Sie selbst beten ja, lesen die Bibel, halten die Gebote und geben Gott die Ehre. Die anderen machen das ja alles nicht. Darum haben sie auch das verdient, was in der Bibel steht: ewige Verdammnis.

Jona hatte sich auf einen Berg zurückgezogen, von dem aus er einen guten Blick auf Ninive hatte. Er baute sich dort einen kleinen Sonnenschutz aus ein paar Ästen und setzte sich darunter. Gott ließ zusätzlich eine Rizinusstaude emporwachsen, die ihm Schatten spenden und seinen Ärger vertreiben sollte. Doch am nächsten Morgen kurz vor Sonnenaufgang ließ Gott einen Wurm die Wurzeln der Pflanze zerfressen und die Staude wurde welk und dürr. Tags darauf kam ein heißer Ostwind auf und die Sonne brannte Jona gehörig auf den Schädel.

„Hm, Jona", antwortete Gott. „Denkst du wirklich, es ist in Ordnung, dass du jetzt sauer bist? Du bist verärgert nur wegen dieser Rizinusstaude? Hast du denn selbst irgendetwas für das Gedeihen dieser Pflanze getan? Hast du sie großgezogen? Nein, sie wuchs ganz plötzlich aus dem Boden und eine Nacht später verwelkte sie schon wieder. Dieser Schatten spendenden Staude trauerst du nach. Aber von mir erwartest du, dass mir Ninive egal ist, und dort leben über 120.000 Menschen und unzählige Tiere! Denkst du wirklich, die vielen Menschen sollten mir nicht leidtun?"

So wirkt Versöhnung

Gott ist bereit zur Versöhnung. Er reicht den Menschen aus Ninive die Hand. Mehr noch, laut Papst Franziskus ist er bereit, die Menschen zärtlich zu umarmen.

Franziskus geht es bei Barmherzigkeit besonders um die Facette der Versöhnung. In der Bibel ist sie ein Beziehungsbegriff. Neben der Beziehung zwischen Gott und Mensch geht es auch um zwischenmenschliche Beziehungen in und nach Konflikten sowie um die Versöhnung mit sich selbst. Und aus theologischem Blickwinkel ist Versöhnung die Wiederherstellung der durch Sünde und Schuld des Menschen zerbrochenen Gemeinschaft mit Gott.

Gott ist bereit zur Versöhnung.

Durch den Glauben an das Versöhnungswirken Jesu dürfen wir die ausgestreckte Hand Gottes ergreifen. Und aus diesem Angebot sowie dem Zuspruch der Versöhnung zwischen Gott und Mensch ergibt sich auch ein Anspruch: nämlich untereinander den Prozess oder die Tat der Versöhnung immer wieder zu leben. Also Beziehungen durch Umkehr und gegenseitige Anerkennung wiederherzustellen und zu heilen.

Wie ungeheuerlich groß diese wiederherstellende Kraft von Versöhnung sein kann, darüber berichten viele Geschichten der Bibel. Wie wir im nächsten Kapitel sehen werden, färbten sie mit ihrer Wirkung auf viele Menschen aus unterschiedlichen Kulturen sowie mannigfachen religiösen Prägungen ab.

Kapitel 6

Versöhnung zwischen mir und Gott:

Geschichten von Verlorenen

„Meine Odyssee begann im Sommer 1961 im kalifornischen La Mesa", so beginnt David Scott „Dave" Mustaine das erste Kapitel seiner Biografie. Im September 1961 wurde Dave in einfachen Verhältnissen geboren. Er hatte keine unbeschwerte Kindheit, denn sein Vater trank, egal ob er mit ihm Ball spielte, ihmdas Fahrradfahren beibrachte oder die beiden über einem Brettspiel saßen. Als Teenager gründete er mit anderen Jungs aus der Gegend eine eigene Band. Dadurch kam er schon recht früh mit dem dazugehörigen Lifestyle in Kontakt: Sex, Drugs, Rock 'n' Roll. Um sein Taschengeld aufzubessern, verkaufte Dave Mustaine als Jugendlicher alles, was er an Drogen besorgen konnte: Haschisch, LSD, Kokain.

Irgendwann landete er als Gitarrist bei der bekannten Metal-Band „Metallica". Wegen seines Alkoholkonsums und seiner aufbrausenden Art wurde er jedoch nach einiger Zeit vor die Tür gesetzt und gründete „Megadeth" – seine eigene erfolgreiche Band.

Mit Anfang zwanzig, so berichtet der Gitarrist, wollte er bloß Musik machen, high werden und „Bräute flachlegen". Nach und nach kam es dazu, dass alle in der Band heroinsüchtig wurden, zudem Alkoholiker. Sie rauchten Gras, prügelten sich und führten ein auch sonst ausschweifendes Leben. „Wir hatten uns sozusagen selbst das Missionsziel auferlegt, gott-

und menschengemachte Regeln zu brechen, und größtenteils schafften wir das auch"[15], liest man in Mustaines Biografie. Und natürlich wollten sie die furioseste Metal-Band aller Zeiten werden. Erstaunlicherweise ist ihnen mit weit über 20 Millionen verkaufter Alben dieses Ziel größtenteils geglückt. Viele Jahre lebte Dave Mustaine von Konzert zu Konzert, von Album zu Album. Irgendwann aber wurde Dave Mustaine unruhig und er fing an zu suchen, nur wusste er nicht, wonach. Zur Ruhe kommen, Frieden finden oder endlich die Kraft haben, sein Leben zu ändern? „Ich tat alles, außer mich Gott zuzuwenden, denn den hielt ich offen gestanden für die allerletzte Adresse."

Schubladen, in die wir Menschen einordnen, gibt es viele. Beliebte Kategorien sind unter anderem: die Schönen und die Reichen, die Gewinner und die Verlierer, die Gerechten und die Falschen, die Heiligen und die Sünder.

In die Kategorie der Sünder würde ich am ehesten Dave Mustaine packen. Sünde ist nach christlichem Verständnis erst einmal keine einzelne Tat, sondern eine Grundhaltung, die sich Gott als Mitte des Seins verweigert. Diese Verweigerung der Gottesbeziehung hat Auswirkungen: Missachtung der Schöpfung, egozentrische Gesinnung, falsche Lebensweise und mangelnde Liebe zum Mitmenschen. Zur Zeit Jesu gab es sogar vier Kriterien, die Sünder ausmachten: körperliche Einschränkungen, die Zugehörigkeit zu einer falschen Volksgruppe, die Stellung in der Gesellschaft und moralische Verfehlungen. Dazu muss erklärt werden, dass nach dem damaligen Verständnis jede körperliche Beeinträchtigung mit Sünde zu tun hatte. Denn eine Krankheit galt als Konsequenz von Sünde. Und alle Ausländer, also all jene, die nicht zum

Volk Israel gehörten, wurden per se als Sünder betrachtet. Sie lebten nicht dem Gesetz Mose gemäß.

Wer als Steuereintreiber mit der römischen Besatzungsmacht zusammenarbeitete und sein Geld durch Aufschläge auf die Steuern verdiente, der wurde ebenfalls zur Gruppe der Sünder gezählt. Und Prostitution, ein freizügiger Lebensstil oder betrügerische Geschäfte brachten einem damals das zweifelhafte Prädikat „moralischer Sünder" ein. Folglich gingen die Frommen damals mit Sündern aus diesen Gruppen recht unbarmherzig um, denn sie wurden für hoffnungslos areligiös gehalten. Ihnen wurde unterstellt, dass ihnen der Himmel, der Tempel und das Gesetz egal seien. Dave Mustaine wäre demnach in den Augen der Frommen damals wie heute ein Paradebeispiel für einen Sünder.

Freund der Sünder

Jesus hingegen wird im Neuen Testament als „Freund der Zöllner und der Sünder" (Lukas 7,34) beschrieben. Er ging nicht nur hin und traf sich mit ihnen, nein, er feierte zuweilen sogar mit diesen „falschen" Leuten fröhlich. Er nahm sich Zeit für sie, um sie zu verstehen, und hat nicht bloß ihr Verhalten verurteilt. Bei etlichen Tischgesprächen, die bestimmt bis tief in die Nacht gingen, waren Menschen um ihn, die verzweifelt waren, am Rande des Abgrunds und immer in Gefahr standen, völlig aus der Bahn geworfen zu werden. Diese verirrten Schafe spürten auf einmal in der Gegenwart Jesu:

Hier werde ich nicht verurteilt; ich werde verstanden, akzeptiert und ich bekomme einen Weg aufgezeigt, zurückzufinden.

Mir scheint, wenn wir Jesus nachahmen würden und uns ebenfalls die Mühe machten, den anderen zu verstehen, würde uns die Sache mit dem Annehmen ebenfalls leichter fallen. Doch ich frage mich: Würden mir die Menschen in meinem Umfeld überhaupt von ihren Problemen erzählen? Denn mein Leben verläuft bisher zumindest in geordneten, gutbürgerlichen, normalen und unscheinbaren Bahnen. Und von Menschen, bei denen alles in Ordnung scheint, geht ja oft eine Wirkung aus, die eher verhindert, dass andere sich ihnen öffnen. „Gescheiterte" vertrauen sich eher Menschen an, die ebenfalls starke Brüche durchleben mussten.

Bei Jesus war und ist das anders, obwohl er weder große Krisen noch Alkoholprobleme hatte, geschweige denn ein ausschweifendes Leben geführt hat. Vielmehr zog er die Menschen, die im Leben unter die Räder gekommen waren, geradezu an. Und er machte in einigen Gleichnissen deutlich, dass diese den Menschen zugewandte, barmherzige und offene Art die DNA des beginnenden Reiches Gottes ist: Wer Teil des Himmelreiches ist, geht Menschen nach. Hier ein Paradebeispiel:

Wer Teil des Himmelreiches ist, geht Menschen nach.

„Stellt euch vor, einer von euch hätte hundert Schafe und eins davon geht verloren, was wird er tun? Lässt er nicht die neunundneunzig in der Steppe zurück, um das verlorene Schaf so lange zu suchen, bis er es gefunden hat? Wenn er es dann findet, nimmt er es voller Freude auf seine Schultern und trägt es nach Hause. Dort angekommen ruft er seine Freunde und Nachbarn zusammen: ,Freut euch mit mir, ich habe mein verlorenes Schaf wiedergefunden!' Ich sage euch: So wird auch im Himmel Freude herrschen über einen Sünder, der zu Gott umkehrt – mehr als über neunundneunzig andere, die nach Gottes Willen leben und es deshalb gar nicht nötig haben, zu ihm umzukehren. Oder nehmt ein anderes Beispiel: Eine Frau hat zehn Silbermünzen gespart. Eines Tages verliert sie

eine davon. Sofort zündet sie eine Lampe an, stellt das ganze Haus auf den Kopf und sucht in allen Ecken. Endlich findet sie die Münze. Sie ruft ihre Freundinnen und Nachbarinnen zusammen und erzählt: ,Ich habe mein verlorenes Geld wiedergefunden! Freut euch mit mir!' Genauso freuen sich auch die Engel Gottes, wenn ein einziger Sünder zu Gott umkehrt" (Lukas 15,4–10).

In unzähligen Kindergottesdiensten weltweit wurde diese Geschichte bereits nacherzählt. In Büchern wurde sie millionenfach kreativ weitergegeben. Das Gleichnis ist ein Standardthema im Religionsunterricht. Es gibt sogar Bekleidung mit dem Signet „Lost – Found". Doch die Urheberrechte an dieser Story hat nicht Jesus. Hesekiel, der alttestamentliche Prophet, erzählt ein ähnliches Gleichnis, von dem sich Jesus vermutlich hat inspirieren lassen:

„Ich selbst werde ihr Hirte sein und dafür sorgen, dass sie in Ruhe und Sicherheit leben können. Das verspreche ich, Gott, der Herr. Ich suche die verloren gegangenen Schafe und bringe alle zurück, die sich von der Herde entfernt haben. Wenn sich eines der Tiere ein Bein gebrochen hat, will ich es verbinden, und den kranken helfe ich wieder auf. Die fetten und starken Tiere aber lasse ich nicht aus den Augen! Denn ich bin ein Hirte, der gut und gerecht mit seinen Schafen umgeht" (Hesekiel 34,15+16).

Wer auch immer wen inspiriert hat, das Gleichnis lädt ein, sich sowohl mit dem Hirten als auch mit dem Schaf zu identifizieren. Zu dieser Story haben sich unzählige Ausleger Gedanken gemacht.

Der Hirte

Blicke ich auf den Hirten, dann wirkt das Gleichnis irgendwie seltsam, wenn nicht sogar paradox. Denn mal ehrlich, wenn ich mich allein um hundert Schafe in der Wüste kümmern soll, dann gefährde ich doch nicht neunundneunzig, um eins zu retten. Insbesondere dann nicht, wenn das eine Schaf jemand wie Dave Mustaine wäre. Für so jemanden, der Gott bewusst mit Füßen tritt, die anderen ungeschützt zurückzulassen, wäre doch sehr unlogisch. Hätte ich ein paar Kollegen, die als Hirten auf die neunundneunzig aufpassen, würde ich mich auf die Suche nach dem Schaf begeben. Aber Jesus berichtet davon nichts. Vielmehr tut er so, als wäre sein Verhalten das normalste auf der Welt. Und ich habe den Verdacht, dass im Horizont des Reiches Gottes so ein Verhalten tatsächlich die Regel ist. Egal, wie schwer es ist, das Hundertste nach Hause zu tragen, aber es gibt wenig Größeres, als wenn dies gelingen sollte.

Eine barmherzige Haltung wie die des Hirten sorgt sich um verirrte Schafe. Denn was kann ein verirrtes schon tun? Mit dem Orientierungssinn ist es nicht weit her. Ein weiteres Verirren ist sozusagen vorherbestimmt. Es kann nur blöken.

In unserer Welt gibt es viele solcher Schreie um Hilfe, laut oder oft auch stumm, von Schafen, die aus eigener Kraft nicht mehr auf den Heimweg finden. Oft gibt es keinen Hirten, der den ganzen Weg zurückgeht, um sie zu finden. Das aber wollte Jesus. Auch wenn nicht immer alle Wunden, die vom Wolf zugefügt wurden, geheilt werden können. Auch wenn vielleicht manche Schafe so verängstigt sind, dass schon die Annäherung des Retters Panik auslöst. Auch wenn manche auf dem Heimweg wieder umkehren.

Hirte zu sein, ist kein leichter Job. Weder die neunundneunzig zusammenzuhalten noch das eine zu suchen.

Die Schafe

Ich kenne dieses Gleichnis, seit ich denken kann. Ich bin christlich sozialisiert in einem frommen Elternhaus, begleitet von Kirchengemeinde, CVJM und Evangelischer Gemeinschaft aufgewachsen. Ich habe mich nie mit dem einen Schaf identifiziert. Per Geburt gehörte ich quasi zu den neunundneunzig. Das eine, das waren für mich damals die areligiösen Menschen unseres Dorfes. Die, die im Fußball- oder Schützenverein das machten, was die Engel im Himmel am Ende des Gleichnisses vielleicht getan haben: feiern. Die mit Gott und Jesus nichts am Hut hatten, das waren die Verlorenen.

Dass der Hirte, sprich Gott, sich tatsächlich um alle Schafe kümmert und gerade für die Verlorenen eine Extrameile geht, diese Botschaft klang schön und richtig. Aber mit mir hatte sie wenig zu tun. Irgendwann jedoch wurde mir klar, dass wir alle, ich eingeschlossen, Gottes Erbarmen brauchen. Dass es überhaupt keine neunundneunzig „richtige" und ein „verlorenes" Schaf gibt. Denn sowohl für die neunundneunzig Schafe als auch für das einzelne Schaf besteht in der Wüste dieselbe Gefahr.

Im übertragenen Sinne: Es gibt nur eine Menschheit, die auf Gottes barmherziges Eingreifen angewiesen ist. Und da gibt es ein interessantes Detail: Wer verloren ist, will gefunden werden. Wer sich aber in Sicherheit wähnt, der meint gar nicht, dass er sich in Gefahr befindet und gefunden werden muss. Manchmal gehört man zu den einen und dann wieder zu den anderen Schafen.

Am Ende, so das Gleichnis, wird es im Himmel eine Party geben. Die Engel feiern ein rauschendes Fest mit. Wann? Wenn jemand, der blind, hart, süchtig, selbstlos, reich, sicher und träge geworden ist, sprich jemand, der bisher Gott und sein Himmelreich verfehlt hat, dieses (wieder)entdeckt. Denn Gottes Barmherzigkeit freut sich über jeden, der anfängt umzudenken. Egal, welche Verfehlungen, dunkle Täler und Fehlentscheidungen das Leben so mit sich gebracht hat. Nicht selten wird der Umdenkprozess durch eine Krise, eine massive Veränderung, einen Umzug oder eine Krankheit getriggert.

Willkommen unter Schafen

Unser „Sünder", Dave Mustaine, bekam im Drogen-Therapiezentrum mitgeteilt, dass er sich den Radialnerv gequetscht hat. Die Ärzte prognostizierten ihm, dass ein taubes Gefühl bleiben würde und er die Finger nicht mehr richtig bewegen könnte. Nie wieder Gitarre spielen, zumindest nicht auf hohem Niveau – für einen Gitarristen gleicht das einem Todesurteil: „Mein Arm ist tot und ich auch."[16]

Dave Mustaine gab aber nicht auf. Mithilfe eines Streckgeräts und Physiotherapie lernte Dave wieder Gitarre zu spielen. Der Weg dorthin war anstrengend und schmerzhaft. Und nachdem diese Verletzung auskuriert war, nahm er auch seine jahrelangen Drogenprobleme erneut in Angriff. Denn seine Ehe stand in dieser Zeit auf des Messers Schneide.

Irgendwann während einer dieser Therapien ging er auf den Kaplan der Einrichtung zu und fragte diesen: „Wie kann ich Gott in mein Leben eintreten lassen?" Denn Dave Mustaine war mit allem durch und hatte nichts mehr zu verlieren. Und ein Umdenken begann: Er fand für sich nach und nach Antworten auf die Frage nach dem Sinn des Lebens im christlichen Glauben. Und es war im Jahr 2004, als er sich selbst als wiedergeborenen Christen bezeichnete. Die meisten Menschen in seinem Umfeld werden sich verwundert die

Augen gerieben haben. Aber im Himmel war da schon längst die Party im Gange.

Übergangslos geschah diese Veränderung natürlich nicht. Dave Mustaine schreibt in seiner Biografie: „Gott allein weiß, wie oft ich seitdem gegen die christliche Ethik verstoßen habe. Fehltritte, ob gravierend oder nicht, habe ich mir immer wieder geleistet. Trotzdem glaube ich an Gott und sehe Jesus als meinen Erlöser. Diese beiden Vorzeichen bestimmen mein Dasein."[17]

Damit passt er gut in die Schafherde des Hirten. Und ich lade Sie ein, diesen Hirten, Jesus, in einem anderen berühmt gewordenen Gleichnis kennenzulernen.

Kapitel 7

Versöhnung zwischen mir und dir:

Geschichten von Versöhnten

Jesus ist für mich unbestritten der größte und nachhaltigste Weltveränderer, der je seinen Fuß auf diese Erde gesetzt hat. Doch auch andere Menschen haben ihre Fußabdrücke hinterlassen. Einer von ihnen ist der nicht unumstrittene indische Rechtsanwalt, Publizist und Morallehrer Mohandas Karamchand Gandhi, genannt Mahatma Gandhi.

Gewaltfrei führte er das Ende der britischen Kolonialherrschaft über Indien herbei. Er veränderte die Welt, indem er nicht nur die Inder, sondern auch die Menschen in Südafrika in die Unabhängigkeit leitete. Weniger bekannt ist jedoch Gandhis lebenslange Suche nach der Wahrheit.

Gandhi wuchs mit dem Hinduismus auf und bekannte sich stets zu dieser Religion. In England, wo er wegen seines Jurastudiums einige Jahre seiner Jugend verbrachte, traf er Christen. Mit ihnen kam er tiefer ins Gespräch. Doch wie er dort das Christentum kennenlernte, überzeugte es ihn wenig: *„Das Einzige, was mich immer davon abgehalten hat, Christ zu werden, waren die Christen."* Trotzdem hielt er viel von der Bibel: *„Ihr Christen habt in eurer Obhut ein Dokument mit genug Dynamit in sich, die gesamte Zivilisation in Stücke zu blasen, die Welt auf den Kopf zu stellen, dieser kriegszerrissenen Welt Frieden zu bringen. Aber ihr geht damit so um, als ob es bloß ein Stück Literatur wäre, sonst weiter nichts."*[18]

Bei seiner Bibellektüre wird er vermutlich die eine oder andere Versöhnungsgeschichte gelesen haben, und diese scheinen neben seiner Grundhaltung der Gewaltlosigkeit wohl auch sein Verhalten im Angesicht des Todes geprägt zu haben. Am 30. Januar 1948 wurde der 78-jährige Gandhi von einem fanatischen, nationalistischen Hindu erschossen, der schon zehn Tage zuvor als Mitglied einer Siebenergruppe ein Attentat auf Gandhi geplant hatte. Mitten in der belebten Großstadt treffen ihn die tödlichen Schüsse. Aber noch im Tod bewegt er den Kopf. Er will seinen Mörder sehen. Doch er sieht nur die vielen Menschen, die um ihn herumstehen. Noch im Sterben zieht er seine schon kraftlose Hand über seine Brust, über sein Gesicht und legt sie sich auf die Stirn: das Zeichen der Versöhnung. Alle Umherstehenden verstanden in diesem Moment: Er verzeiht seinem Mörder.

Versöhnt mit der Welt

Solch ein Verhalten beeindruckt mich. Mehr noch, dass jemand freiwillig auf den Tod zusteuert und die Qualen einer Auspeitschung und des langsamen Todes am Kreuz auf sich nimmt. So wie Jesus es getan hat, um die Welt mit Gott zu versöhnen.

Aus diesem göttlichen Versöhnungsangebot ergibt sich auch ein Anspruch. Jesus hat ihn im Vaterunser so formuliert: *„Und vergib uns unsere Schuld, wie auch wir vergeben unsern Schuldigern"* (Matthäus 6,12; LU). In dieser fünften Bitte des Vaterunsers wird klar: Die Vergebung von Gott ist mit der Vergebung der Menschen untereinander verknüpft.

Direkt im Anschluss an das Vaterunser unterstreicht Jesus diesen Aspekt noch einmal: *„Euer Vater im Himmel wird euch vergeben, wenn ihr den Menschen vergebt, die euch Unrecht* *getan haben. Wenn ihr ihnen aber nicht vergebt, dann wird Gott auch eure Schuld nicht vergeben"* (Matthäus 6,14+15). Dieser Gedanke ist tief in der jüdischen Religion verankert. Am Jom Kippur, dem höchsten Feiertag der Juden, der zwischen Mitte September und Anfang Oktober stattfindet, zeigt sich das ganz besonders.

Jom Kippur, hebräisch für „Tag der Versöhnung", ist im Gegensatz zu vielen anderen jüdischen Festtagen nicht mit einem historischen Ereignis verknüpft. Er ist ein Tag, an dem gefastet, gebetet und der Gottesdienst besucht wird. Die meiste Zeit verbringen gläubige Juden betend in der Synagoge. Der Gottesdienst dauert in allen jüdischen Gemeinden den ganzen Tag hindurch. An diesem Versöhnungstag geht es um Reue, Buße und Vergebung, sodass sich der Mensch mit Gott und Mitmensch versöhnt.

Das Buch Jesus Sirach, eine jüdische Weisheitsschrift, verknüpft die Vergebung der Sünden an anderen Menschen mit einer zuvor stattgefundenen Versöhnung:

„Wenn jemand dir Unrecht getan hat, vergib ihm! Dann wird der Herr auch deine Schuld vergeben, wenn du ihn darum bittest. Aber wenn du einem anderen gegenüber unversöhnlich bleibst, kannst du beim Herrn keine Vergebung erwarten. Wenn du kein Erbarmen hast mit einem anderen Menschen, einem Sünder, wie du selbst es bist, wie kannst du dann um Vergebung deiner Schuld beten? Wer soll deine Verfehlungen aus der Welt schaffen, wenn du anderen ihre Fehler nachträgst, obwohl du ein vergänglicher Mensch bist?"
(Jesus Sirach 28,2–5; GN).

Diese biblischen Texte sind in meinem Kopf wie ein gordischer Knoten, denn sie passen nicht zu meinem Bild vom jederzeit immer und überall vergebenden Gott. Gott scheint kein Amnestie-Automat zu sein. Doch was für einen Sinn hat diese Vorleistung: Vergib erst, und dann bekommst du vergeben? „Wahrscheinlich ist der Sinn dieser strengen Regel", so schreibt der Theologe Klaus Berger, „dass wir selbst spüren, wie schwer schon Vergebung unter Menschen ist. In der Tat: Sie ist das Schwerste überhaupt. Wenn wir das ahnen, dann können wir dankbar sein. So bin ich davon überzeugt, dass diese strenge Regel über die Vorleistung seitens der Menschen aufgestellt wurde, damit wir umso dankbarer sein können, wenn Gott uns verziehen hat. Nur so wird daraus kein Automatismus."[19] Danke, lieber Klaus Berger, das hilft mir enorm, den gordischen Knoten in meinem Kopf wieder zu lösen.

So ist die Bitte im Vaterunser also eher eine Art Selbstempfehlung, die uns eindringlich dazu ermutigt, Vergebung einzuüben. „Vergib, wie auch wir vergeben" weist uns den Weg: Geh auf andere zu! Beginne den Prozess der Versöhnung! Stelle Beziehungen her! Nähe das Zerrissene zusammen! Beende die Ablehnung! Entzünde die erkaltete Liebe!

Familie ist ein wunderbares Training, in dem wir lernen können, einander zu vergeben. Streit, Konflikte sowie falsch akzentuierte Emotionen gehören zum Leben, insbesondere zum Familienleben, dazu.

„Vergib, wie auch wir vergeben" weist uns den Weg.

Man streitet sich, bis die Fetzen fliegen, aber meist verträgt man sich in der Familie auch schnell wieder. Ständig hat man miteinander zu tun und muss vieles teilen: die Spielkonsole, die Legosteine, das Essen, die Wohnung, die Aufmerksamkeit, das Auto, die Zeit. Da kann leicht das Gefühl aufkommen, man komme zu kurz oder man gebe mehr als andere Familienmitglieder. Streit keimt auch leicht auf bei Themen wie Zimmer aufräumen, Müll raustragen, Kaninchen füttern, berufliche Terminüberschneidungen oder das Urlaubsziel.

Streitigkeiten sind also normal und gehören irgendwie zum Alltag einer Familie dazu.

Ohne Vergebung kein gutes Leben

Viele Menschen meinen, sich zu versöhnen bedeute, in Ordnung zu finden, was der andere getan hat. Doch dem ist nicht so. Verzeihen bedeutet, den Streit loszulassen und die Situation, in der man verletzt wurde, neu zu betrachten. Der Psychologe und spirituelle Lehrer Neil Douglas Klotz schreibt, dass das Wort „Vergeben" im Vaterunser auch mit „gegenseitiges Aufnehmen", „Neubau einer Verbindung zum anderen" oder „Umarmen mit Leere"[20] übersetzt werden kann.

Über einen familiären Streit, einen neuen Blick und einen Neubau einer Beziehung berichtet die Bibel geradezu exemplarisch im Alten Testament:

Josef war ein sensibler Typ, sein Kopf war voller Geschichten und Träume. Er eckte damit bei seinen Brüdern an. Hinzu kam, dass sein Vater ihn gegenüber den andern bevorzugte. Das Geschenk eines eleganten Rocks demonstrierte dies eindrucksvoll. Das schürte den Neid und die Missgunst seiner Brüder weiter. So sehr, dass sie Josef im Zorn als Sklaven an Potifar, den obersten Befehlshaber des Pharaos, verkauften. Dort arbeitete Josef als Sklave, bis sich Potifars Frau in ihn verliebte. Sie machte ihm mehrfach Avancen. Tapfer wehrte Josef diese ab, bis sie ihn willkürlich beschuldigte, sich an ihr vergangen zu haben. Josef, unschuldig wie er war, wurde daraufhin ins Gefängnis geworfen.

Als Josef verschiedene Träume deutete, führte ihn das in die Freiheit. Er wurde sogar zum zweiten Mann Ägyptens ernannt, gleich nach dem Pharao.

Als dann weite Teile der Region von einer Hungersnot heimgesucht wurden, mussten seine Brüder in Ägypten Lebensmittel kaufen. Als er sie erblickte, entfachte das in ihm Zorn, Hass und Wut. Er ließ sie vor ein Gericht bringen, damit sie ihr gerechtes Urteil für ihre Straftat erhielten.

Endet die Geschichte so? Nein. Die Geschichte von Josef ist eine der großen Versöhnungsgeschichten des Alten Testaments. Als Josef seine Brüder nach all den Jahren wiedersah, vergab er ihnen trotz allem Unrecht und Leid, das er erlebt hat. Josefs Liebe war stärker als der Hass seiner Brüder; seine Barmherzigkeit war größer als ihr Verbrechen.

Josefs Geschichte ist ermutigend. Sie enthält alle zentralen Momente eines Versöhnungsprozesses: Schuldbekenntnis, Reue, Bitte um Vergebung, Gewährung von Vergebung und eine neu geordnete Beziehung. Übrigens: Der Versöhnungsprozess zwischen Gott und den Bewohnern Ninives ist exakt genauso verlaufen.

Ohne Vergebung können wir nicht leben. Besser gesagt, nicht gut leben, vor allem innerhalb einer Familie. Wir verletzen uns jeden Tag gegenseitig.

Was können wir tun, um die Wunden wieder zu heilen? Den Tag nicht zu Ende gehen zu lassen, ohne sich zu entschuldigen, ist und bleibt hierbei hilfreich.

Ohne Vergebung können wir nicht leben. Gleich um Entschuldigung zu bitten und uns gegenseitig zu vergeben, öffnet Türen zueinander, die geschlossen wurden.

Das gilt nicht nur für die eigene Familie, sondern auch im Beruf oder in der Nachbarschaft.

Aus eigener Erfahrung kann ich sagen: Es lohnt sich nicht, Ressentiments zu pflegen. Vergebung kann die Spirale der Wut, Bitterkeit und Enttäuschung beenden. Sie hilft einem selbst am meisten – auch dann, wenn man „völlig unschuldig" war und man ungerecht behandelt wurde. Sie hilft, die Vergangenheit abzuschließen und den inneren Frieden schneller wiederzufinden. „Wenn ich vergebe", so schreibt Philip Yancey, „verzichte ich auf mein Recht auf Ausgleich und überlasse alles, was mit gerechter Behandlung zu tun hat, Gott."[21] Vergebung ist ein tieferes Loslassen. Fehler loszulassen, die uns selbst und andere in „Knoten" verstricken. Ein solches Loslassen ist uns nicht in die Wiege gelegt. Wir müssen es einüben, damit es uns leichter fällt, Brücken zum anderen zu bauen. Hier eine Geschichte, die das verdeutlicht:

Ein Vater und sein Sohn lebten friedlich und in völliger Eintracht. Ihren Lebensunterhalt bestritten sie vom Ertrag ihrer Felder und Herden. Sie arbeiteten und teilten miteinander, was sie ernteten. Ihr Streit fing eines Tages durch ein kleines Missverständnis an.

Zwischen ihnen bildete sich eine immer größer werdende Kluft, bis es zu einem heftigen Ausbruch kam. Fortan mieden sie jeglichen Kontakt. Keiner von beiden sprach mehr ein Wort mit dem anderen.

Eines Tages klopfte jemand an der Tür des Sohnes. Es war ein Mann, er suchte Arbeit. „Kann ich vielleicht einige Reparaturen bei Ihnen durchführen?"

„Ich hätte schon Arbeit für dich", antwortete der Sohn. „Dort, auf der anderen Seite des Baches, steht das Haus meines Vaters. Vor einiger Zeit hat er mich schwer beleidigt. Ich will ihm beweisen, dass ich auch ohne ihn leben kann. Hinter meinem Grundstück steht eine alte Ruine, und davor findest du einen großen Haufen Steine. Damit sollst du eine zwei Meter hohe Mauer vor meinem Haus errichten. So bin ich sicher, dass ich meinen Vater nicht mehr sehen werde."

„Ich habe verstanden", antwortete der Mann. Dann ging der Sohn für eine Woche auf Reisen. Als er wieder nach Hause kam, war der Mann mit seiner Arbeit fertig. Welch eine Überraschung für den Sohn! So was hatte er nicht erwartet. Denn anstatt einer Mauer hatte der Mann eine schöne Brücke gebaut. Da kam der Vater aus seinem Haus, lief über die Brücke und nahm seinen Sohn in die Arme. „Was du da getan hast, ist einfach wunderbar! Eine Brücke bauen lassen, wo ich dich doch schwer beleidigt hatte! Ich bin stolz auf dich und bitte dich um Verzeihung."[22]

Während Vater und Sohn Versöhnung feierten, räumte der Mann sein Werkzeug auf und schickte sich an, weiterzuziehen. „Nein, bleib doch bei uns, denn hier ist Arbeit für dich", sagten sie ihm. Der Mann aber antwortete: „Gerne würde ich bei euch bleiben, aber ich habe noch anderswo viele Brücken zu bauen ..."

Jesus ist der Meister des Brückenbauens, der Meister der Versöhnung. Wie damals die Jünger, so lädt er uns auch heute ein, bei ihm Vergebung zu lernen. Weil Gott uns verzeiht, sind wir in der Lage, dem anderen zu vergeben. Aus diesem Grund lehrt Jesus uns das Vaterunser – damit wir die Worte jedes Mal wiederholen, um anderen das Erbarmen, das wir selbst erfahren haben, zukommen zu lassen.

Jesus hat der Welt gezeigt, dass Versöhnung die Macht hat, Ketten von Schmerz, Ungerechtigkeit und Schuldzuweisung zu zerreißen.

Wie weit reicht Barmherzigkeit?

Gilt sie auch Judas?

Ist die Kraft, die in Gottes Barmherzigkeit und Versöhnungsangebot steckt, dafür stark genug?

Kapitel 8

Versöhnung zwischen mir und meinen Grenzen:

Barmherzig mit sich selbst umgehen

Er war einst der Shootingstar des deutschen Fußballs. Anfang der 1990er-Jahre kannte ihn jeder und jede Fußballinteressierte. Mit 14 kam er in die Jugend des Karlsruher SC und startete dort durch bis in die erste Mannschaft, die damals noch von Winnie Schäfer trainiert wurde. In seinem Debüt-Bundesligaspiel schoss „Sternie" gleich sein erstes Tor. Im Wildparkstadion spielte er so frei und wild auf, dass nicht nur die U21-Nationalmannschaft, sondern kurz darauf auch die Bayern aus München auf Michael Sternkopf aufmerksam wurden. Für damals sensationelle 3,4 Millionen Mark wechselte er an die Säbener Straße. Heute lächelt man müde über solche Ablösesummen.

Der Wechsel zum Rekordmeister hätte Sternkopf enormes Selbstvertrauen geben können. Wer schafft so etwas schon mit 20? Doch sein weiterer sportlicher Weg verlief von da an holprig. Denn bei den Bayern traf er auf ein Ensemble von Weltklassespielern. Die Folge: Er saß häufig auf der Bank. Als Jugendspieler gewann er 90 Prozent aller Spiele und in der Bundesliga war er auf der Überholspur gewesen, nun aber stand er auf dem Abstellgleis. Sternkopf war mit persönlichen wie sportlichen Niederlagen konfrontiert. Und das als jemand, der „weder einen hohen Selbstwert noch großes Selbstbewusstsein hatte".

Für Sternkopf wurde der Druck bei einem erfolgsverwöhnten Verein wie Bayern zu groß. Negative Gedanken machten sich breit: „Kann ich den Erwartungen gerecht werden? Bin ich gut genug? Schieße ich genug Tore? Die anderen sind viel besser als ich. Warum passiert mir das? Was wird die Sportpresse über mich schreiben?"[23] Solche negativen Sätze bestimmten nun sein Leben. Der selbst gemachte Druck, ebenso wie der von außen, lasteten so sehr auf ihm, dass er sich dem Bayern-Mannschaftsarzt, Dr. Müller-Wohlfahrt, anvertraute. Sternkopf wurde an einen Psychiater verwiesen, der ihm Antidepressiva verschrieb. Er erhielt einen Rat: Über seine psychischen Probleme sollte er als junger Profi besser nicht reden, denn das könnte ihn seine Karriere kosten. Und so blieb er mit dem Druck, den negativen Gedanken und seinem Problem allein. Seine Karriere stockte. Auf Dauer konnte er sich bei Bayern nicht durchsetzen. Die Folge: Er wurde nach Gladbach verkauft.

Starke Versagensängste und körperliche Reaktionen begleiteten ständig seine 16-jährige Profikarriere. In einem Interview beim Südwestrundfunk (SWR) äußerte er sich dazu: „Wie oft saß ich im Flieger, wenn wir dann wieder nach dem Spiel zurück sind; ich hatte Magenkrämpfe und habe gekotzt, obwohl eh nichts drin war." Er blieb trotz fußballerischer Erfolge immer hinter den eigenen Ansprüchen und den gefühlten Anforderungen anderer zurück. Auch später als Manager von Kickers Offenbach waren da der Druck, die Angst vor dem Versagen wie auch seine psychischen Probleme. 2011 zog er die Reißleine.

Es braucht oft lange, bevor wir diesen Schritt machen. Dass wir das nötig haben, fällt uns meist gar nicht selbst auf. Häufig sind es gute Freunde, die uns darauf hinweisen müssen: Sei doch nicht so hart zu dir selbst! Du musst besser auf dich aufpassen!

Mit uns selbst gehen wir oft recht unbarmherzig um. Wir jammern verpassten Chancen hinterher, wir ärgern uns über schlechte Entscheidungen, wir finden unser Verhalten nicht souverän genug oder sind unzufrieden mit dem, was wir erreicht haben. Wir sind nicht so, wie wir es von uns erwarten würden. Wir wären gerne etwas „optimaler". Und wir fangen an, ein falsches Bild über uns zu verinnerlichen, indem wir uns selbst Falsches einreden:

Mit uns selbst gehen wir oft recht unbarmherzig um.

Warum muss ich mit allem allein fertig werden?

Warum immer ich? Ich kann das nicht.

Das passiert mir jedes Mal. Ich Idiot!

Ich schaffe das nicht.

Es macht keinen Sinn.

Die anderen sind viel besser als ich.

Hätte ich nicht damit angefangen.

So was passiert nur mir.

Zu uns selbst sind wir meist streng und gnadenlos. Anderen gegenüber können wir hingegen oft großzügig und nachsichtig sein. Für sie finden wir schnell tröstende Worte: „Alles halb so schlimm. Das macht doch nichts. Kopf hoch! Nichts wird so heiß gegessen, wie es gekocht wird."

Wie kommt es zu diesem Widerspruch? Wie dazu, dass wir uns selbst mit einem anderen Maß beurteilen? – Auf diese Fragen gibt die Psychologin Kristin Neff in einem Interview mit einer deutschen Zeitschrift folgende Antwort: „Wir glauben, dass wir uns selbst ständig antreiben müssen, damit wir unser Leben geregelt bekommen. Streng dich an! Bleib nicht stehen! Hol immer das Beste aus dir heraus! Das ist die Botschaft, die uns die Leistungsgesellschaft vermittelt. Unbewusst fürchten wir, dass unser Leben den Bach runtergehen könnte, wenn wir zu freundlich zu uns sind. Bei anderen haben wir diese Befürchtung nicht."[24]

Läuft etwas nicht, wie wir uns das vorstellen, dann erleben wir das manchmal emotional so stark, als ginge es um Leben und Tod. „Wir sind kaum noch in der Lage, einen Schritt beiseitezutreten und das größere Bild zu sehen. Wir versinken in dem Gefühl, nicht gut genug zu sein, und können nicht aufhören, uns selbst dafür zu beschimpfen", meint Kristin Neff. Indem wir uns selbst reflektieren, versuchen wir möglichst schnell wieder Kontrolle über uns und die Situation zu gewinnen. Oft mit dem Ergebnis, dass ich mich noch mehr anstrenge, damit mir so etwas nicht noch mal passiert.

Neff ist zu Recht der Ansicht, dass „wir eine Menge beeinflussen können, aber nicht alles. Wir können nicht perfekt sein, und es fällt uns extrem schwer, das zu akzeptieren, auch wenn es uns vom Kopf her klar ist". Ja, da muss auch ich mich in all diejenigen einreihen, die ein solches Denkmuster tief in ihrem Inneren verankert haben. Doch warum beurteilen wir uns immer wieder nur in Superlativen?

Ein Ansatz wäre der, was die Psychologen als „narrative identity" beschreiben. Unsere rekonstruierte Vergangenheit und unsere erwünschte Zukunft erzählen wir uns selbst und auch anderen, um unserem Leben Sinn und Bedeutung zu geben. In unserer Lebensgeschichte sind wir, ob bewusst oder unbewusst, der Held oder die Heldin. Und dieser Heldenstatus erklärt, warum wir so hohe Erwartungen an uns haben. Denn Helden, das machen uns die Filme und Comics weiß, leben entsprechend ihrer Ideale und Überzeugungen: *Batman*, alias Bruce Wayne, kämpft als Weltenretter für mehr Gerechtigkeit in Gotham City. *Flash Gordon* setzt sich als Weltraum-Polizist für die Ordnung auf vielen Planeten ein. Und natürlich Clark Kent als *Superman*. Doch nicht nur in der fiktiven Welt, sondern auch in der Wirklichkeit gibt es Helden:

Sophie Scholl, Marie Curie, Martin Luther King, Nelson Mandela, Barak Obama oder Greta Thunberg. Selbst die fromme Welt generiert Helden, auf die ein christliches Idealbild projiziert wird: Papst Johannes Paul II, Mutter Teresa, Billy Graham, Bill Johnson, Brian Houston oder Joyce Meyer. Und auf Facebook, Instagram, Snapchat oder TikTok inszenieren sich heutzutage Millionen ganz normale Menschen als Helden ihres eigenen Alltags. Viele präsentieren in den sozialen Medien eine perfekte Welt ihres Lebens: wunderschöne Urlaubsbilder, akribisch inszenierte Mahlzeiten, perfekt gestylte Kleidung, Zitate kluger Lebensweisheiten, interessante Anekdoten des Alltags oder das schönste Lächeln immer und überall. Sie inszenieren sich selbst und deuten ihre eigene Geschichte so, wie sie gedeutet werden soll. Bewusst oder unbewusst geht es bei allen um die Frage: Gefällt euch, wer ich bin? Und durch Likes werden die eigene Geschichte sowie der Selbstwert von außen bestätigt.

Die Bibel und ihre Lebensgeschichten

Ein soziales Netzwerk der besonderen Art ist die Bibel. Man kann sich da allerdings nicht einfach kostenlos anmelden, um jeden noch so sinnfreien Moment mit Freunden und Familie zu teilen. Auch Selfies sind nicht möglich. Der bedeutendste Unterschied zu Facebook und Co. ist, dass sich die Mitglieder der Bibel-Community nicht selbst darstellten. Sie hatten meist keinen Einfluss auf die Art und Weise, wie ihre Geschichte erzählt wurde. Sollten sie wider Erwarten doch die Autoren gewesen sein, dann haben sie diese radikal ehrlich geschrieben. Denn bei so manchem biblischen Helden wurden persönliche Grenzen und Schwächen gnadenlos in der Öffentlichkeit preisgegeben.

David, ein Mann, der nach dem Herzen Gottes lebte, hatte seine Schwäche bei attraktiven Frauen (2. Samuel 11,1ff.).

Abram stieß an Grenzen hinsichtlich seines Vertrauens, als er seine Frau Sarai bei der Einreise in Ägypten als seine Schwester ausgab (1. Mose 12,10ff.).

Gideon, der einst Götzenbilder zerstörte, schuf Jahre später ein eigenes, welches viele anbeteten (Richter 8,27).

Noah, der Mann, dessen Familien Gott vor der Sintflut bewahrt hatte, betrank sich so sehr mit seinem selbst angebauten Wein, dass er nackt herumlief (1. Mose 9,20ff.).

Selbst *Mose*, die Lichtgestalt des Alten Testaments, überschritt Grenzen im Umgang mit seiner Wut, die dazu führte, dass er einen Mann erschlug (2. Mose 2,11 ff.).

Die Helden der Bibel haben Grenzen und Schwächen. Sie sind nicht fehlerlos. Ohne Umwege, Zweifel und Verzweiflung ist in dem biblischen Facebook noch kein Held ans Ziel gekommen. Weder Abram noch David, geschweige denn eine Elisabeth.

In der Bibel wird der Mensch mit seinen guten wie schlechten Seiten porträtiert. Einerseits wird der Mensch darin als Krone der Schöpfung beschrieben – „wenig niedriger als Gott" (Psalm 8,6) –, andererseits wird er skeptisch eingeschätzt: „von frühester Jugend an voller Bosheit" (1. Mose 8,21). Die Bibel ist ein Buch, das den Menschen realistisch einschätzt, das von menschlichen Möglichkeiten und Abgründen weiß, wie auch vom Angenommensein des Menschen durch Gottes Liebe. Der Mensch ist also zu Gutem wie zu Bösem fähig, von Gott gewollt und mit einer unantastbaren Würde ausgestattet.

Für uns Menschen scheint es ein wichtiger Aspekt zu sein, wie wir über uns denken und welchen Wert wir uns selbst zuschreiben. Die Bibel erkennt diese Sehnsucht des Menschen

In der Bibel wird der Mensch mit seinen guten wie schlechten Seiten porträtiert.

nach Wert an und spricht ihm diesen auch zu. Daher ist ein wichtiger Aspekt, den Gott uns durch Jesus sagen will: Jeder Mensch ist wertvoll, weil Gottes Liebe bleibt. Das ist gut und wichtig zu wissen. Doch Jesus weiß auch, dass wir uns selbst lieben und annehmen müssen. Viele Menschen, ich schließe mich da ein, tun sich jedoch recht schwer damit. Menschen, die kein starkes Selbstwertgefühl haben, die ein verschobenes oder sogar falsches Bild von

Jeder Mensch ist wertvoll, weil Gottes Liebe bleibt.

sich haben, scheinen sich sowohl bei der Selbstliebe als auch bei der Lebensgestaltung selbst im Weg zu stehen. Dabei sollten wir Selbstliebe nicht mit Narzissmus oder Egoismus verwechseln. Vielleicht eher in dem Sinne, als wenn wir mit uns selbst so umgingen wie mit unserem besten Freund.

Manchmal frage ich mich selbst, wie oft mich ein falsches Selbstbild bereits begrenzt hat. Wäre ich vielleicht, wenn ich mich selbst nicht so unbarmherzig beurteilt hätte, an der einen oder anderen Stelle im Leben einen Schritt weiter vorangekommen? Und wo hat meine negative Selbstwahrnehmung mich davon abgehalten, noch viel stärker in meinen von Gott gegebenen Gaben zu leben?

Jeremia – unbarmherzig mit sich selbst

Von jemandem, der ein falsches Bild von sich selbst hatte und beinahe einen großen Auftrag Gottes in den Wind geschlagen hätte, berichtet das Buch Jeremia:

Er war ein Sohn von Hilkija und stammte aus einer Priesterfamilie aus Anatot, das im Stammesgebiet von Benjamin liegt. Jeremia empfing Botschaften von Gott ab dem 13. Regierungsjahr des judäischen Königs Josia, des Sohnes von Amon. (...)

„Eines Tages sprach der Herr zu mir: ‚Ich habe dich schon gekannt, ehe ich dich im Mutterleib bildete, und ehe du geboren wurdest, habe ich dich erwählt, um mir allein zu dienen. Du sollst ein Prophet sein, der den Völkern meine Botschaften verkündet.' Ich aber erwiderte: ‚O nein, mein Herr und Gott! Ich habe keine Erfahrung im Reden, denn ich bin noch viel zu jung!' Doch der Herr entgegnete: ‚Sag nicht: Ich bin zu jung! Zu allen Menschen, zu denen ich dich sende, sollst du gehen und ihnen alles verkünden, was ich dir auftrage. Fürchte dich nicht vor ihnen, ich bin bei dir und werde dich beschützen. Darauf gebe ich, der Herr, mein Wort.' Er streckte mir seine Hand entgegen, berührte meinen Mund und sagte: ‚Ich lege dir meine Worte in den Mund und gebe dir Vollmacht über Völker und Königreiche. Du wirst sie niederreißen und entwurzeln, zerstören und stürzen, aber auch aufbauen und einpflanzen!' Jeremia sagte: ‚Dafür bin ich zu jung. Ich bin überhaupt kein guter Redner."

Sein falsches Bild von sich selbst legte ihm diese Worte in den Mund. Er hatte einen sehr kritischen Blick auf sich und seine Fähigkeiten. Und dieser ließ ihn vielleicht einen Misserfolg wittern. Wer geht schon gerne ein Projekt an, wenn die Aussicht nicht erfolgreich ist?

Jeremia ist ein Paradebeispiel, wenn es um das Befürchten von Misserfolgen geht. Der Prophet hat gedacht: „Mein Leben war ein einziger Fehlschlag. Was Gott mir aufgetragen hat, das habe ich den Leuten weitergesagt. Der Erfolg, gleich null. Niemand hat auf die Botschaft gehört. Keiner hat das umgesetzt, was ich vorgeschlagen habe. Sie haben meine Warnungen einfach in den Wind geschossen. Meine Heimat ist verwüstet. Ich habe auf der ganzen Linie verloren. Gott hat mich berufen, und dann hat er mich fallen lassen. Von wegen: ‚Ich bin bei dir und werde dich beschützen'."

Jeremia ging zu unbarmherzig mit sich um, daher erkannte er nicht, was sein Einsatz in der Zukunft bewirken würde. Auch nicht wie hoffnungsgebend seine Worte aus den Kapiteln 30 bis 33 für die Menschen waren und bis heute sind. Man nennt diese Kapitel auch das Trostbuch Israels, in dem Gott davon spricht, wie er unheilbare Herzen nicht nur irgendwie operiert, sondern ganz neu macht.

So wie Jeremia kann es jedem von uns gehen. Wir sehen das Gute nicht, das wir bisher in unserem Leben erreicht haben oder was wir im Leben von anderen bewirkt haben. Wir drehen uns oft zu schnell im Hamsterrad des Lebens. Erziehung, Beruf, ein Krankheitsfall in der Familie, die kriselnde Ehe bei der besten Freundin, finanzielle Sorgen, die Mitarbeit in der Kirchengemeinde und noch vieles mehr fordern unsere Aufmerksamkeit. In unserem übervollen Alltag kommt es schnell dazu, dass die vielen sozialen, finanziellen und eigenen persönlichen Grenzen zu stark das Bild von uns selbst prägen. *Für unser Herz sind wir verantwortlich.* Gefühle und Gedanken wie „Es reicht nicht", „Ich müsste eigentlich", „Immer noch nicht angerufen" und „Schon wieder versagt" können dann schnell in unserem Herzen die Oberhand gewinnen.

Für unser Herz sind wir verantwortlich. Wir sollten dafür sorgen, dass wir trotz aller widrigen Umstände eine barmherzige Herzenshaltung bewahren.

Wenn Ihnen Sätze wie „Mist, schon wieder einen Fehler gemacht, ich kann nichts, ich bin nichts wert!" bekannt vorkommen, dann empfehle ich Ihnen: Versuchen Sie ein wenig barmherziger mit sich selbst zu sein.

Mit Grenzen und Schwächen aussöhnen

Barmherzig mit sich selbst sein, das bedeutet, sich auch mit seinen Stärken und Grenzen auszusöhnen. Vielleicht haben

Sie dieses sich selbst herabwürdigende Verhaltensmuster schon mit der Muttermilch aufgesogen und/oder von einem Elternteil, in der Schule oder in der Berufsausbildung gelernt. Dann ist es gar nicht so leicht, den Schalter von hart auf herzlich umzulegen.

Barmherzigkeit bedeutet auch, wie wir zu Beginn des Buches erfahren haben, „ein Herz für die Unglücklichen haben". Das könnte dabei doch hilfreich sein: ein Herz für die unglücklichen, die schwachen Seiten und die Grenzen in sich selbst zu haben.

Wie gut wäre es also, wenn wir lernen würden, uns an den positiven Eigenschaften zu erfreuen und die weniger positiven zu akzeptieren? Das könnte uns helfen, barmherziger mit uns umzugehen. Und vielleicht werden wir ja selbst dann noch zu unserer/m besten Freund*in.

———

Michael Sternkopf geht heute barmherzig mit sich um, denn er weiß, dass er keine Leistung bringen muss, um zu wissen, dass er geliebt ist. Im Interview beim SWR sagte er: „Gott liebt mich bedingungslos. Egal, ob ich erfolgreich bin oder versage. Er liebt mich so oder so. Das gibt mir die Ruhe und die Gelassenheit, auch mal versagen zu dürfen. Dafür schäme ich mich nicht mehr. Angst habe ich auch nicht mehr. Ich mache mir keinen Kopf mehr, was andere über mich denken."[25]

Mittlerweile hält Sternkopf Vorträge über seinen Lebensweg. Er möchte damit Hoffnung weitergeben, weil er Menschen versteht, die sich über Leistung und Erfolg definieren: „Ich habe mich schlecht und klein gefühlt, obwohl ich beim FC Bayern München war." Dabei ist ihm eines besonders wichtig: „Wenn Menschen anderen von ihren Erfolgen erzählen, fühlen diese sich klein. Aber auch vermeintlich erfolgreiche Menschen haben Ängste: Der Fußballprofi genau wie der Arbeiter einer Firma."[26]

Wenn ich also gelassen mit mir und dem, was mich und andere an mir irritiert, umgehen kann, dann kann ich mich auch auf das einlassen, was mich an Gott irritiert.

III

BARM
HERZIGE
IRRITATIONEN

„Wir brauchen uns nicht zu schämen oder schuldig zu fühlen,
wenn wir an Gott und seinem Wort zweifeln.
Denn Gott ist barmherzig mit dem Zweifler
und wir dürfen mit unseren Zweifeln zu ihm kommen.“

Hans Peter Royer[27]

Kapitel 9

Zorn:

Wie bitte?
Gott ist barmherzig und
tobt trotzdem vor Zorn?

Sind Sie manchmal wütend oder zornig? Ärger ist menschlich. Wut kann zusätzliche Kräfte freisetzen. Schlägt Wut jedoch in Zorn um, dann reagieren Menschen meist aggressiv und ohne groß nachzudenken. Zorn ist meist unvernünftig und kann durchaus fatale Folgen haben.

Wer einen ohnmächtigen, flammenden oder lautstarken Zorn erleben will, der wird in den Fußballarenen dieser Welt fündig. Nichts lässt so sehr die Gemüter hochkochen, wie ein eindeutiges Tor, das wegen angeblichem Abseits vom Schiedsrichter nicht gegeben wurde.

Einen „heiligen" Zorn findet man zumeist auf Twitter, Facebook und Co. Dort halten Gläubige die Fahne für eine irrtumslose Bibelauslegung hoch, mahnen zu einer „echten" Jesusnachfolge, empören sich über die Entwicklung der Institution Kirche oder verunglimpfen politische Gegner*innen.

Die Straßenkreuzung, eine 30er-Zone oder Parkplätze vor Supermärkten sind ebenfalls Orte, an denen von Zorn erfüllte Menschen erlebt werden können: jemand hat einem anderen die Vorfahrt genommen, gefühlt fährt jemand viel zu langsam oder eine andere Person stellt ihr Auto einfach auf den Parkplatz, auf dessen Freiwerden schon gewartet wurde.

Manchmal gehört man selbst zu diesen Hitzköpfen. Apropos Hitzkopf: Die Stresshormone Adrenalin und Noradrenalin werden bei Wut und Zorn freigesetzt. Dann ist im limbischen System unseres Gehirns ordentlich was los. Unser Herz beginnt schneller zu schlagen, die Halsschlagader erweitert sich, um dadurch einen erhöhten Blutfluss ins Gehirn bzw. Gesicht zu ermöglichen. Die berühmt berüchtigte Zornesröte entfaltet sich. Unser Gesicht verwandelt sich ebenfalls – oft sekundenschnell – in eine hässliche Fratze. Die Augenbrauen ziehen sich zusammen, der Unterkiefer schiebt sich nach vorn und unsere Augen werden ganz schmal. Manchmal pressen wir dabei die Zähne aufeinander oder zeigen sie sogar dem anderen. Ein solcher Zornesausbruch steht uns nicht gut zu Gesicht. Aber wenn er buchstäblich wieder „verraucht" ist, weil unser Gehirn schnell genug die Situation bewertet und zu einem gemäßigten Verhalten rät, dürfen wir selbst wie unser Gegenüber wieder durchatmen.

Zorn sollten wir nicht dauerhaft unterdrücken, sondern so mit ihm umgehen, dass wir anderen gegenüber zwar unseren Ärger ausdrücken, sie aber als Person dabei nicht verletzen. Experten raten, in solchen Situationen kurz Abstand zu nehmen, zum Beispiel kurz den Raum zu verlassen oder eine Runde um den Block zu drehen. Das kühlt das Gemüt ab und macht den Kopf frei für klare Gedanken.

Warum werden wir eigentlich zornig? Frank Walter Steinmeier, als er noch deutscher Außenminister war, ließ seinem Zorn im Mai 2014 in der Öffentlichkeit freien Lauf. Eigentlich ist er als ein zurückhaltender und beherrschter Politiker bekannt. Was war passiert? Russlandfreundliche Demonstranten schimpften Steinmeier einen Kriegstreiber, der in der Ukraine Faschisten unterstütze. Das war für Steinmeier zu viel. Zornig wies er die Anschuldigungen zurück und teilte kräftig gegen die Zwischenrufer aus. Schon einen Tag später hatte seine Wutrede bei YouTube über 700.000 Klicks. Wir werden wütend, wenn wir uns für das vermeintlich Gute einsetzen, aber Steine von anderen in den Weg gelegt bekommen. Damals vermittelte Außenminister Steinmeier schon seit Monaten zwischen Kiew und Moskau und wurde dann als Kriegstreiber ausgebuht. Da stieg die Zornesröte in ihm auf – mit dem Zweck, die Demonstranten durch eine Gegenattacke verbal zu beseitigen.

Zorn setzen wir oft ein, um vermeintliche Hindernisse jeglicher Art zu beseitigen. Zorn hat gesellschaftlich kein gutes Image. Wer öffentlich zornig wird so wie Steinmeier, gilt schnell als charakterschwach. Selbst Kinder, die zornig sind, verlieren bereits die Anerkennung ihrer Altersgenossen und werden Opfer deren Spotts. Auch im religiösen Kontext, im Christentum, Islam und Buddhismus, gilt Zorn als Schwäche eines unvollkommenen Charakters. Denn der Wunsch, dem anderen zu schaden, ist meist zentraler Bestandteil einer zornigen Reaktion und kann bewusst wie unbewusst getrieben sein. Ein Beispiel:

Zorn setzen wir oft ein, um vermeintliche Hindernisse jeglicher Art zu beseitigen.

„Stumm wie ein Fisch saß die Angeklagte am Freitag vor der Linzer Richterin Petra Fahrenberger"[28], leitete eine große oberösterreichische Tageszeitung die Berichterstattung über einen Prozessauftakt ein. Eine Einleitung, die buchstäblich zum vorliegenden Fall passte, denn einer 33-Jährigen wurde vorgeworfen, Geschirrspülmittel ins Aquarium ihres Ex-Freundes geleert und aus lauter Zorn dessen Fische getötet zu haben. Die Angeklagte würde aber wohl mit einem „blauen Auge" davonkommen, so die Zeitung, denn vor Gericht werde Zorn als mildernder Umstand angesehen, da er als Affekthandlung gilt.

Der Zorn Gottes

Nicht nur Menschen werden zornig, auch Gott bzw. Göttern trauen die Menschen es zu, zornig zu werden: In der griechischen Mythologie, zum Beispiel, schickt der von Prometheus hintergangene Zeus im Zorn den Menschen die Büchse der Pandora. Als diese dann offen ist, bringt das viele Übel in die Welt.

In der Al-Fātiḥa, der ersten Sure des Korans, wird davon ausgegangen, dass Unglaube oder der Abfall vom Glauben, den Zorn Allahs nach sich ziehen kann.

Diesen Gedanken gibt es ebenso im Alten Testament. Und im Neuen Testament ist vom Tag des Zornes (Römerbrief 2,5) als Tag des gerechten Gerichts die Rede.

Seit jeher gehen die Menschen davon aus, Naturkatastrophen oder Epidemien könnten die Folgen eines göttlichen Zornesausbruchs sein und werden ihm untergeschoben. Diese Gedanken scheinen sich trotz Aufklärung und wissenschaftlicher Erkenntnisse auch bis ins 21. Jahrhundert übertragen zu haben. Indigene wie vermeintlich moderne, westliche Gesellschaften pflegen diesen Glauben. Als beispielsweise im Jahr 2005 New Orleans unter den Wassermassen des Hurrikans Katrina zu versinken drohte, da meinten einige evangelikale Prediger, Gott wolle den Sündenpfuhl New Orleans zerstören und der „Feier der Sünde" ein Ende setzen. Weiter berichtete *Spiegel Panorama*, dass wortgewaltige Prediger in dieser Naturkatastrophe Konjunktur hätten und dazu neigten, dieses Desaster mit übernatürlichen Mächten in Verbindung zu bringen. So deutete ein Pfarrer aus New Orleans diese Katastrophe als Zorn Gottes und immer und immer wieder wurden Vergleiche mit Sodom und Gomorrha gezogen: „Vielleicht will Gott uns damit reinigen."

Die Westboro Baptist Church, so *Spiegel Panorama*[29], dankte Gott sogar auf ihrer Website *godhatesamerica.com* für den Hurrikan Katrina. „Es ist eine Sünde, sich nicht daran zu erfreuen, wenn Gott seinen Zorn und seine Rache über Amerika ausgießt", hieß es dort.

Gerade im Corona-Pandemie-Jahr 2020 kommen nicht wenige Christinnen und Christen auf Gedanken wie: „Der da oben will uns zur Vernunft bringen" oder „Gott will damit die Gottvergessenheit unseres Volkes bestrafen".

Grundsätzlich scheint mir, dass bei solchen Ansichten die Verantwortung zu sehr vom Menschen auf Gott geschoben wird. Menschengemachte Probleme sollten uns vielmehr lehren für die Zukunft zu lernen.

Der Zorn Gottes ist sowohl im Christentum als auch im Judentum und Islam ein wiederkehrendes Thema. Er ist „Ausdruck einer frühen, eng an eine Vergehen-Strafe-Zusammenhang geknüpfte Gottesvorstellung."[30] Das Gottesbild wird dadurch für viele Gläubige aller Zeiten anschaulicher und menschlich greifbarer.

Schon zu Beginn der Bibel taucht der göttliche Zorn auf. Gott ist enttäuscht von der „Bosheit" (1. Mose 6,5) der Menschen. So enttäuscht, dass er sich ärgert, die Menschen erschaffen zu haben. Sein Zorn führt schließlich dazu, dass er alle Menschen vernichten will. Doch Noah und seine Familie sind davon ausgenommen und bleiben während der vernichtenden Sintflut am Leben.

Später dann, so erzählt die Bibel, bekommen die Bewohner der beiden Städte Sodom und Gomorra Gottes Zorn zu spüren und werden vernichtet. Gott schickt einen Schwefelregen und lässt nur Lot, den Neffen Abrahams, und dessen Familie am Leben. Hätte Gott allerdings zuvor zehn gerechte Menschen darin gefunden, hätte er die Städte verschont.

Und während der Wüstenwanderung des Volkes Israel liest man mehrmals davon, dass „der Zorn Gottes gegen sein Volk entbrannte", weil es ungehorsam war (4. Mose 11,33; 11,1; 12,9).

Selbst im verheißenen Land endet Gottes Streit mit seinem Volk nicht. In verschiedenen Prophetenbüchern sind zornige Drohungen Gottes dokumentiert (Amos 3,14+15; Hesekiel 7,3; Hosea 5,10; Micha 5,14) und ermahnen das Volk Israel zur Umkehr: *„Wenn ihr euch aber weigert und auflehnt, werdet ihr vom Schwert gefressen. Ja, der Mund des Herrn hat gesprochen"* (Jesaja 1,20). Dieser Appell ist ein Ultimatum: Gottes Zorn sollte besser nicht herausgefordert werden. Das Volk aber nimmt die Warnungen der Propheten nicht ernst. Die Folge: Der Untergang des Nordreiches Israel (2. Könige 17,18) ebenso wie der spätere Niedergang Judas. Beide politischen Ereignisse werden als Folge des göttlichen Zorns gesehen (2. Könige 24,20). Sie beschreiben den Tiefpunkt in der bisherigen Geschichte Israels, des eigentlich auserwählten Volkes.

Gottes Zorn irritiert viele Menschen, auch diejenigen, die sich mit Gott und der Bibel beschäftigen – mich eingeschlossen. Darum scheinen auch solche Themen wie „Zorn Gottes", „Gericht" oder „Verdammnis" in Predigten kaum noch thematisiert zu werden. Ich selber muss gestehen, dass ich auch noch nie darüber gepredigt habe. Die Schreiber der Bibel greifen jedoch ganz natürlich den Zorn Gottes auf und sehen ihn oft als ein übernatürliches Eingreifen Gottes an, das ein extremes menschliches Fehlverhalten bestraft – quasi als eine Methode der Pädagogik Gottes (Päda-goge = Kinder-Führer), in der es im erzieherischen Sinne Gottes um das Glück der Menschen, ihre Würde und Berufung geht.

Gottes Zorn irritiert viele Menschen.

Gottes Zorn im Neuen Testament

Bisher haben wir aus unterschiedlichen Richtungen wahrgenommen, dass Gott voll Erbarmen mitten in seiner Schöpfung agiert und existiert. Er ist stets bereit zu verzeihen, langsam zum Zorn und voller Zuneigung (Psalm 86,15). Und doch blitzt immer wieder sein Zorn auf – auch im Neuen Testament. Irritierend ist beispielsweise, dass Jesus in einer Rede wie der Bergpredigt auf den Zorn gegenüber dem „Bruder" zu sprechen kommt, der mit einer Gerichtsperspektive bedroht wird (Matthäus 5,22). Jesus macht in diesem Teil seiner Rede deutlich, dass nicht nur das Töten, sondern schon das Zornigsein dem Willen Gottes widerspricht – wenn ihm Worte oder Taten folgen.

Wer als Bibel-Lesender meint, mit dem Zorn würde es im Neuen Testament verhältnismäßig weniger werden als vergleichsweise im Alten, den möchte ich nur mal an Johannes den Täufer erinnern. Ganz in alter Prophetenmanier droht dieser den Frommen seiner Zeit (Matthäus 3,7): *„Als er aber sah, dass auch viele Pharisäer und Sadduzäer kamen, um sich von ihm taufen zu lassen, hielt er ihnen entgegen: ‚Ihr Schlangenbrut! Wer hat euch auf den Gedanken gebracht, ihr könntet dem kommenden Gericht Gottes entrinnen?'"* Auch seine bildhafte Rede von der Axt, die bereits an die Wurzel der Bäume gelegt ist (Matthäus 3,10), scheint mir ebenfalls ein Hinweis auf Gottes Zorn zu sein.

Bei Jesus dann, im Gleichnis vom Festmahl, reagiert der Gastgeber zornig, nachdem er von seinen ursprünglich eingeladenen Gästen versetzt wird (Lukas 14,16–24 bzw. Matthäus 22,1–14) und seine Diener bittet, alternativ die Ausgestoßenen der Gesellschaft einzuladen. Jesu „heiliger" Zorn im Tempel (u. a. Johannesevangelium 2,13 ff.), ist ein Angriff auf die Funktion des Tempels und die Profitquellen der Tempelaristokratie. Selbst Paulus, der im Römerbrief umfänglich die Gnade Gottes beschreibt, kommt ohne den Zorn Gottes nicht aus, wenn er beschreibt, wie Gott darauf reagiert, wenn Menschen ihre Augen vor ihm als Schöpfer verschließen

(1. Römer 1,18, Epheser 5,6). Selbst im letzten Buch der Bibel, der Offenbarung des Johannes, taucht der Gedanke eines letzten großen Zornes Gottes auf (Offenbarung 14,19; 19,15). Der Zorn und die Barmherzigkeit Gottes scheinen sich in der Bibel eine Art Schlagabtausch zu liefern. Diesen Dualismus scheinen wir auch mit seiner ganzen Spannung aushalten zu müssen, denn wie sich das Ganze auflösen ließe, erschließt sich mir persönlich nicht. Allerdings haben mir einige Gedanken geholfen, den Zorn Gottes einzuordnen:

Zorn ist verschieden

In der Bibel kommt Gottes Zorn nicht nur in verschiedenen Zeiten und Situationen vor, sondern es lassen sich auch ganz unterschiedliche Arten beobachten: spontaner Zorn, aufhaltbarer Zorn, Zorn im kultischen Raum, Zorn Gottes in der Prophetie, unbegreiflicher Zorn oder der Zorn Gottes bei Hiob. Gottes Zorn bringt meist Verderben und Vernichtung. Zuneigung und Güte sind dann erst einmal Fehlanzeige. Ich komme immer wieder mit Menschen ins Gespräch, die solche göttlichen Drohungen und Zorn mit ihrem Bild von einem Gott der Zuneigung und Vergebung nicht in Einklang bringen können. Der deutsche Philosoph Peter Sloterdijk bezeichnete den Zorn sogar mal als die „peinlichste" aller Eigenschaften Gottes – so Zorn denn überhaupt zu den göttlichen Eigenschaften gezählt werden darf (Anm. des Verf.).

Zorn ist konsequent

Wie lässt sich mit dem Zorn Gottes und seinen daraus resultierenden Drohungen umgehen? Das haben sich schon seit jeher viele Christen gefragt. Einige verstehen den Zorn Gottes als einen Ausdruck seiner Heiligkeit. Gott reagiere immer dann zornig, wenn seine Heiligkeit verletzt werde, so ihre Meinung. Und manche deuten seinen göttlichen Zorn als Antwort auf das Nicht-Einhalten des Bundes zwischen dem Volk und Gott. Hier und da lese ich auch, Zorn sei die Kehrseite seiner Liebe: Er widerspreche der Liebe nicht, sondern sei gerade ein Ausdruck seiner lebensspendenden Liebe. Denn Gott könne nicht hinnehmen, was das Leben hindert oder beschädigt. Ähnlich verhält es sich mit der Deutung, der Zorn sei als ein Herzensschrei Gottes zu verstehen, da der Mensch ihn und das Angebot seiner Liebe abgelehnt hat. Ein wenig erinnert mich das an meine Kinder. Manchmal treiben sie mich mit ihrem Verhalten bis an die Weißglut: Ich spreche eine Ermahnung aus – keine Reaktion. Ich wiederhole sie – immer noch keine Verhaltensänderung in Sicht. Bevor ich sie dann ein drittes Mal anspreche, spüre ich schon, wie der Zorn in mir hochsteigt, während ich mir Konsequenzen überlege. Der Erfolg ist gleich null. Meine Androhung der Konsequenz wird zur Realität: Medienverbot beispielsweise. Meine Kinder fallen dann aus allen Wolken. Manchmal sind sie auch verzweifelt, denn das Glück ihres Tages schien bis dahin aus 45 Minuten Medienzeit zu bestehen. Und ich? Ich leide als Vater mit ihnen, denn im Grunde hätte ich ihnen gerne diese Konsequenz erspart ...

Zorn reagiert – auf abgelehnte Liebe

Wie geht die Bibel mit diesem Problem, ich will es mal Dilemma nennen, um? Da stehen sich nun Liebe und Zorn, Erbarmen und Vernichtung spannungsvoll gegenüber. Die Erfahrungen der Propheten bringen etwas Licht hinein:

Hosea beispielsweise wird von der Untreue seiner Frau sehr verletzt. Erst bedroht er sie, doch dann realisiert er, dass er sich nur selbst strafen würde, würde er ihr etwas antun. Und er begreift, dass das, was die Menschen als göttlichen Zorn erfahren, letztlich nur die Außensicht des Leidens ist, das Gott empfindet, wenn seine Liebe abgelehnt wird. Ähnlich ist es bei Jeremia. Das Volk weigert sich auf seine, im Namen Gottes ausgesprochenen, Warnungen zu hören. Jeremia fühlt sich recht bald hin- und hergerissen. Auf der einen Seite verkündet er Gottes Wort, auf der anderen Seite leidet er schon jetzt mit seinem Volk mit. Sein Schmerz aber über diese Zerrissenheit wird zu einem Bindeglied zwischen seinen Mitmenschen und Gott.

Bei Jesaja treffen wir auf die Gestalt des leidenden Gottesknechts, der das Leiden der Schuldigen auf sich nimmt: *„Fürwahr, er trug unsre Krankheit und lud auf sich unsre Schmerzen. Wir aber hielten ihn für den, der geplagt und von Gott geschlagen und gemartert wäre"* (Jesaja 53,4; LU).

In diesem Abschnitt geht es besonders um die Wiederherstellung Israels. Der an vier Textstellen beschriebene Gottesknecht wird als ein von Schmerzen gequälter Mann geschildert, der unschuldig ist, und trotzdem sühnt er durch sein Leiden die Sünden seiner Mitmenschen.

Bei dem Theologen Wilfried Härle habe ich den Gedanken gelesen, dass der „Zorn Gottes" keine von der Liebe unabhängige Größe ist, sondern ein Ausdruck der Liebe. Härle schreibt weiter, dass es keine richtige Liebe wäre, wenn sie nicht über das zürnen würde, was den Geliebten schadet. Gottes Wesen sei Liebe, sein Wesen sei aber nicht Zorn, auch wenn es zur Liebe gehört, dass er manchmal zürnt. Dieser Zorn würde dadurch verarbeitet, dass Gott nicht die Schuldigen bestraft, sondern den Zorn selbst trägt. In Jesus hat er am eigenen Leib die Folgen der fehlenden oder unzureichenden Gottesbeziehung von uns Menschen erlitten, ihre Konsequenzen stellvertretend auf sich genommen und so die Beziehung zum Schöpfer wieder erneuert: *„Aber er ist um unsrer Missetat willen verwundet und um unsrer Sünde willen zerschlagen. Die Strafe liegt auf ihm, auf dass wir Frieden hätten, und durch seine Wunden sind wir geheilt"* (Jesaja 53,5; LU). Durch Gottes Barmherzigkeit würde die Schneise des Zorns in einen Weg des Lebens umgestaltet. Um es kurz zu machen: Bei Gott handelt es sich nicht um eine gefühlskalte Liebe. Vielmehr ist seine Liebe eine, die sich gerade in Emotionen äußert, sowohl im Zorn als auch im Erbarmen. Auch wenn ich selbst lieber von Gottes Liebe rede, so würde ein konsequentes Verneinen des Zornes Gott zu einem oberflächlichen oder belanglosen Gott degradieren.

> *Bei Gott handelt es sich nicht um eine gefühlskalte Liebe.*

Das würde den biblischen Ergebnissen nicht entsprechen. Wiederum wäre es auch theologisch völlig verkehrt, Gott zu einem reinen „Dampf-Ablasser" ohne Liebe zu machen. Der Gott, an den ich glaube, scheint nicht leidenschaftslos zu sein, sondern ein Gott, der gerade durch seine Lebendigkeit viel Anteil an unserem Leben nehmen will. Dabei scheint Gottes Zorn weniger den Menschen, als vielmehr den Auswirkungen des verantwortungslosen menschlichen Tuns zu gelten. Er ist nicht gleichgültig gegenüber dem, was in der Welt und im Leben der Menschen passiert. Gott scheint zornig über Böses, Schlimmes und Ungerechtes zu sein, da seine Liebe für das Gute, Gerechte und Schöne so ausgeprägt ist. Ganz ähnlich wie der Prophet Jesaja (54,8) kommt der französische Schriftsteller Joseph Joubert zu der hoffnungsvollen Erkenntnis: „Der Zorn Gottes währt nur einen Augenblick, die göttliche Barmherzigkeit ist ewig."

Und welche Auswirkungen das hat, wenn die Lebendigkeit Gottes dem Leid in dieser Welt begegnet, das schauen wir uns im nächsten Kapitel an.

Kapitel 10

Leid:

Wie passen Barmherzigkeit und Leid zusammen?

In der Geschichte der Christenheit gibt es viele Märtyrer – Menschen, die aufgrund ihrer Glaubensüberzeugung oder ihrer vertretenen christlichen Werte sterben. Zu den bekanntesten gehören Stephanus († ca. 36/40 n. Chr.), Jan Hus († 1415), Maximilian Kolbe († 1941), Dietrich Bonhoeffer († 1945) und Martin Luther King († 1968).

Die Geschichte einer Frau, die aufgrund von persönlicher Enttäuschung und weniger wegen ihrer religiösen Einstellung sterben musste, möchte ich hier kurz schildern. Der Name der Märtyrerin ist Marie Schlieps. Sie wurde 1881 in der lettischen Stadt Jelgava (deutsch: Mitau), südwestlich von Riga, geboren. Ihre Familie gehörte der deutschbaltischen Minderheit an. Wie ihr Vater wurde sie Lehrerin. Sie arbeitete zwei Jahre als Hauslehrerin in einem Dorf bei Mitau. 1912 wurde sie gebeten, in das Diakonissenhaus Mitaus einzutreten, mit der Absicht, später die Leitung zu übernehmen. Zur Vorbereitung auf diese neue Aufgabe reiste sie nach Neuendettelsau zu der von Wilhelm Löhe gegründeten Diakonissenanstalt und lernte Krankenpflege bei Diakonissen in Hannover. Im Frühjahr 1915 übernahm Marie Schlieps die Leitung des Diakonissenhauses in Mitau.

Zu Beginn des Ersten Weltkrieges wurde im Diakonissenhaus auch ein Lazarett eingerichtet. Im Herbst 1918 besetzte die russische Armee Mitau, nachdem sich das deutsche Heer zurückgezogen hatte. In dieser Zeit wurde ein russischer Offizier mit einer schweren Lungenentzündung in das Lazarett eingeliefert, in dem Schlieps arbeitete. Stündlich kontrollierte die Nachtwache die Vitalwertkontrolle des Patienten. Bei der Übergabe an die Morgenschicht war sein Zustand stabil. Er richtete sich daraufhin auf, setzte sich auf die Bettkante, stand auf und kollabierte sofort. Die herbeigeeilten Schwestern konnten ihm nicht mehr helfen, er verstarb an Ort und Stelle. So berichteten es die beiden Mitpatienten.

Eine lettische Pflegerin, die aus karitativen Gründen in das Diakonissenhaus aufgenommen worden war, meldete diesen Vorfall der politischen Abteilung. Dabei gab sie zu Protokoll, dass die Schuld für den Tod bei den Diakonissen liege. Erschwerend setzte sie das Gerücht von einer möglichen Vergiftung in die Welt. Daraufhin wurden umgehend, im Februar 1919, die Oberin Marie Schlieps und der Hauspfarrer Paul Wachtsmuth verhaftet. Ohne Klärung der Frage, ob der Offizier tatsächlich vergiftet wurde und ohne jegliche ärztliche oder forensische Untersuchung. Der Offizier wurde einfach beerdigt.

Ein paar Tage nach der Verhaftung fand eine Hausdurchsuchung statt. Durchgeführt wurde sie ausgerechnet von der lettischen Pflegerin, die den Vorfall gemeldet hatte. Sie war einst von Marie Schlieps als untauglich für das Diakonissenamt befunden worden, durfte damals aber trotzdem vorerst bleiben.

Die an der Durchsuchung Beteiligten freuten sich über die angeblichen Beweismittel: ein alter Helm eines Stabsarztes des deutschen Heers, ein Koffer mit fremder Wäsche, die dem Haus überlassen worden war, und ein Kasten mit Silbergegenständen, die nicht abgeliefert worden waren. Marie Schlieps kam daraufhin in Haft. Die Bedingungen waren sehr hart. Die Zellen waren stark überbelegt, kalt und unbeleuchtet. In den ersten Wochen erhielten die Gefangenen noch die Suppe, die ihnen von Verwandten gebracht wurde; später kamen die Nahrungsmittel, die beim Gefängnis abgegeben wurden, nicht mehr bei den Inhaftierten an. Die Folge: Bei immer mehr Gefangenen brach nach und nach Flecktyphus, eine Erkrankung mit rotfleckigem Hautausschlag, aus. Marie Schlieps kümmerte sich aufopferungsvoll um die Mitgefangenen, pflegte sie und spendete ihnen Trost. Drei Wochen musste sie in Haft verbringen, ehe ein erstes Verhör stattfand. Darin ging es dann hauptsächlich um die politische Einstellung Schlieps gegenüber den Russen, nicht aber den Todesfall, der zu den Verhaftungen geführt hatte. Oberin und Pfarrer blieben trotz Mangel an Beweisen in Haft.

Wo ist Gott in solch einer Situation? Falls sich Marie Schlieps diese Frage nicht schon gestellt hat, dann möchte ich sie stellen. Hier ist eine Frau, die sich – motiviert durch ihren christlichen Glauben – für Menschen einsetzt. Die selbst in ihrer eigenen prekären Situation noch einen Blick für andere hat. Und dann kommt da eine enttäuschte Frau daher, bringt Fake News in Umlauf und Marie Schlieps wird verhaftet. Warum lässt ein barmherziger Gott das zu? Warum muss eine Frau, die etwas im Sinne Gottes tut, leiden? Solche oder ähnliche Fragen lassen sich auch auf den Propheten Jeremia projizieren. Er bekam einen klaren göttlichen Auftrag und ihm widerfuhr deshalb Leid.

Jeremia

Jeremia ist wohl einer der Propheten, den man durch das gleichnamige biblische Buch persönlich recht gut kennenlernt. Er lässt darin einen Blick in sein Innerstes zu und schreibt recht viel über seine Empfindungen. Zu seiner Zeit war der Allgemeinzustand des Volkes Gottes miserabel. Das nahm Jeremia sehr mit, er litt sogar körperlich darunter. Deshalb wird er auch als der weinende oder leidende Prophet bezeichnet.

Sein Start in den Dienst als Prophet könnte schlechter kaum sein. Als junger Mann beginnt er, die beobachteten Missstände anzusprechen. Erst bekommt er verbal Gegenwind, doch irgendwann verhandeln die Richter seines Volkes darüber, ob er nicht für seine Reden und Weissagungen die Todesstrafe verdient habe.

Während seiner Tätigkeit wird er einige Male verprügelt und ins Gefängnis geworfen. Er muss eingespannt im Block, Hals und Hände eingeklemmt und unfähig sich zu bewegen, ausharren und leidet seelisch unter der Ablehnung seiner Person und der Ignoranz gegenüber seiner warnenden Botschaft. Einmal wird er sogar in eine Schlammgrube geworfen. Und als Kriegsgefangener nach Babel verschleppt. Jeremia erlebt den völligen Zusammenbruch des Südreiches Judas, für dessen Erhalt er sein ganzes Leben investiert hat. Gegen Ende seines Dienstes verschleppt man ihn sogar noch nach Ägypten, wo er wahrscheinlich auch stirbt.

In seiner Not wendet sich Jeremia an Gott. Er bittet um Errettung – aus dem Dilemma, in das Gott selbst ihn gebracht hat – der starke, überraschende Gott. Aber Jeremia, so scheint es, findet seinen starken, beeindruckenden Gott nicht. Es mag vielleicht daran liegen, weil Gott, der ihn in seine Aufgabe gedrängt hat, doch ganz anders ist, als vermutet. Gott ist ihm viel näher, als er denkt. Gott ist da – in Jeremias Verzweiflung und seinen Ohnmachtsgefühlen.

Gott ist kein apathischer Gott. Er hat ein Herz für leidende Menschen. Er leidet mit Jeremia. Lange Zeit argumentierte so mancher Theologe, dass Gott aufgrund seiner Allmacht leidensunfähig sei und über den Dingen stehe. Der Gedanke eines leidenden Gottes war für sie unverträglich. Doch gerade in der Menschwerdung Jesu entschließt sich Gott, Erhabenheit und Allmacht hin oder her, mit uns und für uns zu leiden. Ein Gott, der aufgrund der Allmacht der Liebe bereit ist zu leiden. „Mein Gott, mein Gott, warum hast Du mich verlassen?", schreit Jesus vom Kreuz. Gott selbst setzt sich in seinem Sohn einer brutalen Gewalt aus.

Nach der Auferstehung wurde der Jünger Thomas von Jesus aufgefordert seine Wunden zu berühren. Diese, so sagt der Prager Pfarrer Tomás Halík, sind ein Symbol für alle schmerzenden Wunden der Welt. Für verlassene Kinder, für hungernde Alte, für flüchtende Familien oder für alle an aggressiven Viren oder Krankheiten leidenden Menschen. Jesus identifiziert sich mit den Leidenden. Halík sagt, dass er „nur dann an Christus glauben kann, wenn er diese Seine Wunden berühren wird, von denen unsere Welt auch heute voll ist"[31].

_____
Jesus identifiziert sich mit den Leidenden.
_____

Gott ist für Halík gerade darum vertrauenswürdig, weil er uns anbietet, seine Wunden berühren zu dürfen. Wir haben nicht nur einen Gott, der mitleidet, sondern einen Gott, der mittendrin in allem Leid ist. Ein Gott, der sich vor Jeremia nicht verbirgt hinter seiner unerbittlichen Allmacht, sondern der ebenso wie Jeremia selbst Opfer ist.

Dietrich Bonhoeffer fand im Neuen Testament den Hinweis, dass Jesus nicht hilft kraft seiner Allmacht, sondern gerade in der Teilnahme am Leiden, in seiner Schwachheit. Bonhoeffer begriff, dass gerade dies zur Eigenart der biblischen Gotteserfahrung gehört, dass „nur der leidende Gott kann helfen".

Jeremia leidet an Gott. Aber Gott leidet mit Jeremia. Und wenn wir daran leiden, was Gott uns zumutet, dann leidet er mit uns.

Die Frage aber, die für Jeremia im Gefängnis, im Angesicht des Todes, aufbrechen muss, ist die nach Gottes Barmherzigkeit: Wie kann Gott zulassen, dass ich, der ich doch seinen Auftrag gehorsam ausgeführt habe, hier so leiden muss? Eines Tages ist Jeremia so deprimiert, dass er Gott fragt: *„Warum ist mein Schmerz beständig?"* (Jeremia 15,18). Ehrlich gesagt irritiert mich, dass Jeremia sich dazu durchringt, weiter auf Gott zu hoffen (Vgl. Jeremia 14,22; 16,19; 20,11) und sich sogar dazu durchringt, Gott zu loben: *„Singt dem Herrn, preist den Herrn!"* (20,13). Ich könnte verstehen, wenn jemand da in Bezug auf Gott schweigt. Aber wenn ich von Gott einen solchen Dienst aufgedrängt bekomme und dann nicht nur auf Widerstand stoße, sondern auch noch ständig ums Überleben bangen wie hoffen muss, dann könnte ich gut verstehen, wenn Jeremia, nach Gott gefragt, mit einem Schweigen antworten würde. Aber Jeremia scheint trotz aller Ausweglosigkeit und Leid erlebt zu haben, dass Gott mitleidet und an seinem Schicksal teilnimmt. Die Barmherzigkeit Gottes ist der Strohhalm von Jeremias Glauben.

Die Barmherzigkeit Gottes ist der Strohhalm von Jeremias Glauben.

Daran wird Liebe erkannt

Ob Marie Schlieps auch einen Strohhalm hatte, nach dem sie gegriffen hat, ist nur zu vermuten. Als der Stadt Mitau der Sturm durch die konterrevolutionäre baltische Landwehr bevorstand, wurden 240 Gefangene nach Riga getrieben. Ein Schneesturm mit Temperaturen von -14 °C zog auf. In nur 13 Stunden wurden in größter Eile die über 42 Kilometer zurückgelegt, ohne Pausen. Nur etwa die Hälfte der Gefangenen überlebte diesen Höllenritt. Zahlreiche Tote, die später auf dem Weg gefunden wurden, wiesen Schuss- und Säbelwunden auf.

Marie Schlieps habe, so wird berichtet, auf dem Weg offenbar eine alte Frau gestützt, bis sie neun Kilometer von Mitau entfernt vor Entkräftung selbst nicht mehr weiterlaufen konnte. Den Spuren nach zu urteilen, wurden Marie Schlieps wie auch die alte Frau erschossen. Laut Arno Pagels Buch „Licht dem Osten" hatte Oberin Schlieps ein biblisches Lebensmotto: *„Daran haben wir die Liebe erkannt, dass er sein Leben für uns gelassen hat; und wir sollen auch das Leben für die Brüder lassen."* [32]

———

Wie gehen wir mit dieser tragischen Geschichte um? Ja, ich bin enttäuscht, dass der barmherzige Gott Marie Schlieps nicht beschützt hat. Die, die sich aufopferungsvoll bis zum letzten Atemzug um andere gekümmert hat, hat Riga nicht lebend erreicht. *Was soll das?*

Bei Jesus ist es nicht viel anders. Er will ebenso wie Marie Schlieps nur das Gute für die Menschen. Jesus sucht nicht den Tod am Kreuz. Auch wenn er diesen ahnt, weil er ein guter Kenner der menschlichen Bosheit ist, eigentlich will er den Menschen das Reich Gottes verkünden.

Das Kreuz ist die Folge der Geschichte der damaligen Zeit. Während seiner Verkündigung ist es halt so gekommen, dass er die Oberen so aufregt, dass diese beschließen, ihn aus dem Weg zu schaffen. Und als ihm dieser Tod bevorsteht, bittet Jesus im Garten Gethsemane Gott:

Nimm dieses Leiden von mir. Und dann ergänzt er: *Nicht mein Wille geschehe, sondern dein Wille.* Jesus nimmt das Leid an, er geht zielstrebig den Weg ans Kreuz. Er leidet stellvertretend.

Doch Jesus am Kreuz ist nicht der Höhepunkt des christlichen Glaubens. Das würde zu einem barmherzigen Gott nicht passen. Nein, die Auferstehung ist das Fest in dieser Geschichte. Gott hat den zu Unrecht Gekreuzigten wieder ins Recht eingesetzt, so lautet die gute Nachricht der Auferstehung. Darin stecken zwei Botschaften: Wir brauchen uns der Illusion nicht hinzugeben, zu Lebzeiten umfassende Gerechtigkeit zu erwarten – und dürfen die Hoffnung haben, dass denen, die Gott und ihren Nächsten selbstlos zum Besten dienen, doch noch Gerechtigkeit widerfährt – auch einer Marie Schlieps.

Ob Gottes Barmherzigkeit vielleicht sogar noch größer ist als Gerechtigkeit, darum soll es im nächsten Kapitel gehen.

Kapitel 11

Gerechtigkeit:

Ist Barmherzigkeit größer als Gerechtigkeit?

Als Mohamed „Mo" Salah den silbernen Champions-League-Pokal in den Nachthimmel von Madrid reckte, hatte er den Gipfel seiner Vereinskarriere erreicht. Mit dem FC Liverpool holte er den größten Titel, den ein Fußballteam in Europa je gewinnen kann. Mit einem verwandelten Elfmeter hatte er selbst entscheidend zum Triumph beigetragen. Doch schon vor diesem besonderen Erfolg war der Ägypter aus dem kleinen Ort Nagrig im Nildelta nicht nur einer der populärsten Fußballer in England, sondern auch einer der besten Stürmer der Welt: athletisch, schnell und torgefährlich.

Seine Popularität verdankt der Mann mit den dunklen Locken jedoch nicht nur seinem fußballerischen Können, er zeichnet sich auch durch ein ungewöhnlich ehrbares Verhalten aus. Dies zeigte sich besonders, als eines Tages in das Haus seiner Eltern eingebrochen wurde. Der Täter blieb nicht unerkannt, sondern wurde sofort gestellt. Normalerweise wäre der Dieb der Polizei übergeben worden; er hätte somit seine gerechte Strafe erhalten. Doch Mo Salah hatte ein so großes Herz, dass er sich dafür einsetzte, dass der Einbrecher nicht angezeigt wurde.

Warum handelte der Fußballstar so großherzig? Salah, ein bekennender Muslim, hatte sich in die Situation des Mannes hineinversetzt. Und er entschied, der Mann sollte eine

Chance bekommen, etwas anderes zu tun, als Verbrechen zu begehen. Er gab ihm nicht nur Geld, sondern besorgte ihm sogar einen Job. Manchmal überbietet Barmherzigkeit einfach Gerechtigkeit. Ein schönes Beispiel dafür, welche Kraft Erbarmen besitzt, Gerechtigkeit nicht außer Kraft zu setzen, sondern zu übertrumpfen, und zwar mit der Perspektive, ein größeres Ziel zu verfolgen.

> *Manchmal überbietet Barmherzigkeit einfach Gerechtigkeit.*

Ist Barmherzigkeit nun größer?

Der Theologe Walter Kasper sagte einmal in einem Interview mit der Wochenzeitung *Die Zeit:* „Die Gerechtigkeit ist das Minimalmaß, wie man sich verhalten muss gegenüber anderen. Die Barmherzigkeit ist das Maximum."[33] Auf Anhieb und mit der Geschichte von Mo Salah im Hinterkopf würden wir dem sicher zustimmen. Doch beim genaueren Hinsehen keimen Widerstand und Zweifel auf: Wieso sollte Barmherzigkeit größer sein als Gerechtigkeit?

Mir scheint es sinnvoll, an dieser Stelle kurz gegenüberzustellen, wie beide Begriffe biblisch verstanden werden. Barmherzigkeit ist, wie wir bereits festgestellt haben, insbesondere das intensive Gefühl, sich in die Notsituation eines anderen hineinzuversetzen. Das führt dazu, dass ich beginne, mich mit dem anderen zu identifizieren, begleitet von einer aktiven Tat, die aus dessen Not herausführt oder auf Vergebung abzielt.

Gerechtigkeit wiederum zu beschreiben, ist eine knifflige Angelegenheit, denn dieser Begriff hat viele Facetten. Bei dem Wort Gerechtigkeit denkt man unwillkürlich an Rechtsprechung und Justiz: Gerechtigkeit sorgt dafür, dass jedem sein Recht zuteilwird. Auch eine soziale Dimension schwingt unmittelbar mit: Gerechtigkeit als eine Grundnorm des menschlichen Zusammenlebens, die festlegt, worauf die Menschen ein Recht haben. In diesem Zusammenhang ist das Gerechtigkeitsempfinden zentral, dem die Idee der Gleichbehandlung aller Menschen zugrunde liegt.

Evangelischen Christen kommt auch die Facette der „Rechtfertigung" in den Sinn, jener Begriff, der im Zentrum von Martin Luthers Theologie steht: „Der Gerechte wird aus Glauben leben." Dieser reformatorische Gedanke meint, dass es Gott ist der die Initiative ergreift: Der Mensch bekommt die Gerechtigkeit von Gott geschenkt, wenn er in Kontakt zu seinen Schöpfer das Leben gestaltet (Römer 1–3).

Im christlichen Kontext verbinden manche Christen Gerechtigkeit insbesondere damit, dass alle Menschen Sünder sind und sie deswegen niemals göttliche Sphären erreichen können. Das Gesetz überführt uns alle, es lässt uns völlig schuldig dastehen. Deshalb muss Gott aufgrund seiner Gerechtigkeit entweder alle Menschen strafen oder die Sünde des Menschen durch eine Art „Wiedergutmachung oder Gerechtsprechung" ausgleichen. Dies ist zwar eine bekannte Deutungsebene des Kreuzestodes Jesu, aber hat nur teilweise etwas mit dem Gerechtigkeitsverständnis der Bibel zu tun.

Gerechtigkeit ist in der Bibel mehr als eine ausgewogene Rechtsprechung. Die Eigenart des alttestamentlichen Gerechtigkeitsverständnisses kommt in dem hebräischen Wort *Zedaqa* zum Ausdruck, das zumeist dem deutschen Wort „Gerechtigkeit" entspricht. In der Bibel geht es dabei oftmals nicht um ein strafendes oder richterliches Verhalten. *Zedaqa* meint das alltägliche Leben, bei dem die betreffende Person sich in allen ihren Beziehungen in Familie und Gesellschaft fair verhält. Der Theologe Klaus Koch meint, dass es bei *Zedaqa* vielmehr „um den Inbegriff eines ethischen Prinzips für gesellschaftliches und religiöses Verhalten"[34] gehe. So wie es in Psalm 82 beschrieben wird:

„Wie lange noch wollt ihr das Recht verdrehen, wenn ihr eure Urteile sprecht? Wie lange noch wollt ihr Partei ergreifen für Menschen, die sich mir widersetzen? Verhilft den Wehrlosen und Waisen zu ihrem Recht! Behandelt die Armen und Bedürftigen, wie es ihnen zusteht! Reißt sie aus den Klauen ihrer Unterdrücker!" (V. 2–4).

Es geht darum, für jemand Partei zu ergreifen, der am kürzeren Hebel sitzt. In diesem Aspekt sind sich Gerechtigkeit und Barmherzigkeit sehr ähnlich.

Ebenso meint der Begriff ein Tun, das in Unordnung Geratenes wieder richtigstellt, also in diesem Sinne Gerechtigkeit bewirkt. Kriterium dafür, was falsch und was richtig ist, ist die Frage, ob es der Gemeinschaft dient oder ihr schadet.

Gottes Gerechtigkeit

Gottes spezifische Eigenart ist, dass er Unrecht nicht übersieht. Sein Zorn keimt dann auf, wenn die Könige Israels oder das Volk Ungerechtigkeit bewusst Raum geben. Gott ist kein „lieber Gott", aber er ist auch kein bedrohlicher Gott. Er fordert vielmehr gerechtes Verhalten ein. Da wir Menschen jedoch dazu neigen, es ungerecht zugehen zu lassen, hat Gott immer wieder Propheten auserwählt, die das Volk Israel – wie auch uns heute – ermahnen sollten. So klagten die Propheten des Alten Testaments immer wieder Recht und Gerechtigkeit ein:

> *Gottes spezifische Eigenart ist, dass er Unrecht nicht übersieht.*

„Sorgt für Recht und Gerechtigkeit! Helft den Menschen, die beraubt und unterdrückt werden! Den Ausländern, Waisen und Witwen tut keine Gewalt an und nutzt sie nicht aus! Hört auf, hier das Blut unschuldiger Menschen zu vergießen!" (Jeremia 22,3+4).

„Denkt nach und kommt zur Besinnung, ihr treulosen Israeliten! Erinnert euch an das, was ich vor langer Zeit getan habe, und nehmt es euch zu Herzen! Ich bin der einzige wahre Gott. Keiner dieser Götter ist mir gleich" (Jesaja 46,8+9).

Wir sind nicht hoffnungslos einem Gott ausgeliefert, der zornig Gerechtigkeit einfordert, sondern wir dürfen auf Gottes Erbarmen vertrauen. So sehr wie Gott als gerecht angesehen wird, so sehr ist er auch voller Erbarmen.

So sehr wie Gott als gerecht angesehen wird, so sehr ist er auch voller Erbarmen.

„Dabei hebt die Barmherzigkeit die Gerechtigkeit nicht auf", betont allerdings der Wiener Theologe Paul M. Zulehner. „Vielmehr ist, so die zentrale Botschaft der jüdisch-christlichen Tradition, Erbarmen überbotene Gerechtigkeit."[35] Diesen überraschenden Aspekt, warum die Barmherzigkeit ein höheres Maß als Gerechtigkeit hat, verdeutlicht das Gleichnis Jesu von den Arbeitern im Weinberg:

„Am Ende wird es in Gottes himmlischem Reich so sein wie bei einem Grundbesitzer, der frühmorgens in die Stadt ging und Arbeiter für seinen Weinberg anwarb. Er einigte sich mit ihnen auf den üblichen Tageslohn und schickte sie in seinen Weinberg. Gegen neun Uhr morgens ging er wieder zum Marktplatz und sah dort noch einige Leute stehen, die keine Arbeit hatten. ‚Geht auch ihr in meinen Weinberg', sagte er zu ihnen. ‚Ich werde euch angemessen dafür bezahlen.' Und so taten sie es. Zur Mittagszeit und gegen drei Uhr nachmittags machte sich der Mann erneut auf den Weg und stellte weitere Arbeiter ein. Als er schließlich um fünf Uhr ein letztes Mal zum Marktplatz kam, fand er dort immer noch ein paar Leute, die nichts zu tun hatten. Er fragte sie: ‚Warum steht ihr hier den ganzen Tag untätig herum?' ‚Uns wollte niemand haben', antworteten sie. ‚Geht doch und helft auch noch in

meinem Weinberg mit!', forderte er sie auf. Am Abend beauf-
tragte der Besitzer des Weinbergs seinen Verwalter: ‚Ruf die
Arbeiter zusammen und zahl ihnen den Lohn aus! Fang bei
den letzten an und hör bei den ersten auf!' Zuerst kamen also
diejenigen, die gegen fünf Uhr eingestellt worden waren, und
jeder von ihnen erhielt den vollen Tageslohn. Dann traten die
vor, die schon früher mit der Arbeit begonnen hatten. Sie
meinten, sie würden nun mehr bekommen, aber auch sie erhielten alle nur den vereinbarten Tageslohn. Da beschwerten
sie sich beim Grundbesitzer: ‚Die Leute, die du zuletzt eingestellt hast, haben nur eine Stunde gearbeitet, und du zahlst
ihnen dasselbe wie uns. Dabei haben wir uns den ganzen Tag
in der brennenden Sonne abgerackert!' – ‚Mein Freund', entgegnete der Grundbesitzer einem von ihnen, ‚ich tue dir doch
kein Unrecht! Haben wir uns nicht auf diesen Betrag geei-
nigt? Nimm dein Geld und geh! Ich will nun einmal auch dem
Letzten genauso viel geben wie dir. Darf ich mit meinem Besitz denn nicht machen, was ich will? Oder bist du neidisch,
weil ich so großzügig bin?'„ (Matthäus 20,1–15)

In diesem viel gedeuteten Gleichnis arbeiten manche vom
frühen Morgen bis zum späten Abend im Weinberg. Andere
fangen mittags und weitere erst kurz vor Feierabend mit der
Weinlese an. Der Besitzer des Weinbergs zahlt letztlich allen den zu Beginn des Arbeitsverhältnisses vereinbarten Betrag aus. Jeder bekommt ein Silberstück. Er hält sich damit
an den vereinbarten Lohn (was damals nicht immer der Fall
war). In diesem Sinne ist der Gutsherr „gerecht". Die Letzten sind damit die Gewinner. Denn sie haben ja für weniger
Arbeit den normalen Tarif erhalten. Ihr Stundenlohn ist also
im Vergleich deutlich höher als der der anderen.

Ich kann die Empörung der Ersten gut nachvollziehen. Sie
haben sich schließlich zu Recht einen Lohn erhofft, der ihrem

erhöhten Arbeitseinsatz Rechnung trägt. „So geht das nicht, das ist unfair!", sagen sie.

Bei einem solchen Denken ist Gerechtigkeit der einzige Maßstab. Sonst nichts. Doch dieses Gleichnis vom Reich Gottes demonstriert deutlich: Der Weinbergbesitzer hält das Recht nicht nur ein, sondern überbietet es sogar. Denn der Weinbergbesitzer kennt die Situation der Tagelöhner und ihrer Familien. Er weiß, dass die Menschen als Mindestlohn zum Leben einen Denar benötigen, damit sie ihr täglich Brot haben. Darum lässt er jedem Arbeiter den Ganztagslohn zukommen, den er braucht, um für sich und seine Familie den Lebensunterhalt bestreiten zu können.

Gottes neue Maßstäbe

Im Reich Gottes scheint ein neuer und irritierender Maßstab zu gelten. Denn nach unserem Gerechtigkeitsempfinden geschieht denjenigen, die länger gearbeitet haben, unrecht. Aber der Weinbergbesitzer, der hier leicht als Gott in Person erkannt werden kann, hat sein Herz bei den Armen – und gibt allen, was sie dringend brauchen. Gott ist einer, der Recht nicht nur einhält, sondern gegebenenfalls überbietet.

Der Weinbergbesitzer hat sein Herz bei den Armen und gibt allen, was sie dringend brauchen.

Für mich schimmert in dem Gleichnis von den Arbeitern im Weinberg auch die Logik des „Erlassjahres" durch. Danach sollten alle Israeliten nach ca. fünfzig Jahren ihren untergebenen Volksangehörigen einen vollständigen Schuldenerlass gewähren. Somit wurden alle versklavenden und die Kluft zwischen Arm und Reich fördernden Verhältnisse beseitigt, damit alle im Volk Israel als Befreite leben können. Insofern scheint beim Volk Israel eine Gerechtigkeit tonangebend gewesen zu sein, die gesellschaftlich von Barmherzigkeit durchdrungen war.

Vielleicht fragt sich der eine oder die andere, in welchem Verhältnis denn nun Barmherzigkeit und Gerechtigkeit zueinander stehen? Walter Kasper bestimmt dieses folgendermaßen:

„Die Barmherzigkeit ist Gottes kreative, schöpferische Gerechtigkeit. So steht sie zwar über der eisernen Logik von Schuld und Strafe, aber sie widerspricht der Gerechtigkeit nicht; sie steht vielmehr im Dienst der Gerechtigkeit. Dabei ist Gott nicht an ein fremdes und ihm übergeordnetes Recht gebunden. Er ist nicht ein Richter, der nach dem ihm vorgegebenen Gesetz gerecht richtet, und noch weniger ein Funktionär, der die Anordnung eines anderen ausführt. Er setzt souverän Recht."[36]

Folgen wir dem Gedankengang Kaspers, stellen wir schnell fest: Es gibt einen Unterschied zwischen dem menschlichen und göttlichen Gerechtigkeitsdenken. Der zeigt sich insbesondere dann, wenn auf dem Weg der Gerechtigkeit das Leben und die Würde eines Menschen bedroht sind. Gottes Gerechtigkeit ist eine anteilnehmende, die anders ist als unsere Maßstäbe: *„Ich erweise meine Gnade, wem ich will. Und über wen ich mich erbarmen will, über den werde ich mich erbarmen"* (2. Mose 33,19).

In diesem Sinne hat Mo Salah als Muslim ein Beispiel gegeben, das dem biblischen Begriff von Barmherzigkeit recht nahekommt.

Gott erbarmt sich über wen er will. Ob das auch für einen wie Judas gilt? Einen Verräter? Für jemanden, der Gottes Sohn verraten hat? Dazu werden wir uns im nächsten Kapitel Gedanken machen.

Kapitel 12

Härtefälle:

Verdient auch Judas Gottes Erbarmen?

Ich kann mich noch genau daran erinnern, wie Lothar Matthäus zum ersten Mal nach seinem Wechsel von Borussia Mönchengladbach zu Bayern München wieder im Stadion seines Ex-Klubs auf dem Bökelberg Fußball spielte. Von den Rängen riefen Tausende: *„Judas! Judas!"* Und selbst 33 Jahre nach seinem Abgang fragte 2017 eine deutsche Tageszeitung, ob die Fans endlich ihrem Judas verzeihen könnten.[37]

Judas ist ein verbrauchter Name. Niemand nennt seinen Sohn Judas. Dieser Vorname kann wie einige andere aus der Menschheitsgeschichte sogar nach dem deutschen Namensrecht von Standesämtern als „herabwürdigend" abgelehnt werden. Wenn Eltern ihrem Kind schon einen biblischen Namen geben möchten, dann doch lieber den des ersten Menschen, Adam, oder den eines frommen Königs wie David oder der Mutter Jesu, Maria.

Judas, dieser Name steht synonym für einen Verräter. Und sein „Judaskuss", mit dem er Jesus verrät und der sich auch in vielen außerbiblischen Bildern und Texten über die Jahrhunderte hält, steht für eines der schlimmsten menschlichen Vergehen überhaupt – für den Missbrauch des Vertrauens eines Freundes. Judas steht für Unaufrichtigkeit und geheuchelte Freundschaft. Er kommt in allen Evangelien schlecht weg und gilt bis heute als Inkarnation des Bösen und als Verräter schlechthin. Auch in unserem Sprachgebrauch wird sein heimtückisches Image deutlich. Bestechungsgeld wird beispielsweise „Judasgroschen" genannt, im Englischen heißt der Türspion „Judas" und in Mexiko ist es ein ritueller Osterbrauch, am Karsamstag Judaspuppen aus Pappmaschee zu verbrennen.

Ein Jünger wie alle anderen

Der dänische Philosoph Sören Kierkegaard fragte einmal entgegen aller sonstigen negativen Assoziationen: „Wer kann eigentlich, wenn er ein bisschen Menschenkenntnis hat, daran zweifeln, dass Judas ein Bewunderer Christi gewesen ist?" [38] Sein Satz irritiert mich. Aber nur kurz. Denn nachdem ich einige Sekunden über ihn nachgedacht habe, muss ich Kierkegaard zustimmen. Judas ist die griechische Variante des hebräischen Namens Juda. Damals ein recht beliebter Vorname. Wenig verwunderlich also, dass es mit Thaddäus eine weitere Person im Kreise der zwölf Apostel gibt, die auch den Vornamen Judas trägt. Wohl auch, um eventuelle Verwechslungen zu vermeiden, wird Judas daher mit seinem Beinamen Iskariot erwähnt, der wahrscheinlich von seinem Abstammungsort *Kerijot* herrührt.

Judas Iskariot war wie viele andere Menschen von Jesus fasziniert. Er beschloss, ihm nachzufolgen. Seine Berufung in den engeren Kreis der Zwölf erfuhr er an dem Morgen, als Jesus alle Namen seiner zwölf Jünger bekanntgab. Diese auserwählten Männer sollten sich von nun an in seiner unmittelbaren Nähe aufhalten. Doch die Evangelisten wussten bereits um den späteren Verrat, den Judas beging, als sie anfingen, über Jesus zu berichten. Dass Judas immer als

Letzter genannt wird, wenn die Jünger aufgezählt werden, ist also kein Zufall. Auch nicht, dass sein Verrat direkt erwähnt wird (Vgl. Markus 3,13–18; Matthäus 10,1–4; Lukas 6,12–16). Judas bekam von Anfang an einen Stempel aufgedrückt. Stellen wir uns daher einmal vor, wir hätten das Wissen um seine spätere Tat noch nicht. Dann wäre uns Judas von den Evangelisten beschrieben worden als ein genauso interessierter, frommer und von Jesus auserwählter Jünger wie alle anderen. Er wäre nicht besser oder schlechter als Matthäus, Petrus oder Johannes. Denn wie die anderen wurde auch er bei der Aussendung mit göttlicher Vollmacht ausgestattet und hat das anbrechende Reich Gottes gepredigt sowie Wunder vollbracht.

Einen deutlichen Hinweis darauf, dass Judas ein Jünger wie alle anderen war, findet sich in den Evangelien, die uns vorliegen, selbst: Judas war bei den Zwölfen für die Finanzen verantwortlich. Er muss also einen ehrlichen und seriösen Eindruck gemacht haben, sonst hätten ihm die anderen elf (und Jesus) das Geld bestimmt nicht anvertraut. Judas muss, wie Kierkegaard sagt, ein Bewunderer Jesu gewesen sein, sonst hätte er wohl kaum sein bisheriges Leben einfach so verlassen und wäre dem mittellosen Wanderprediger aus Galiläa nachgelaufen.

Judas ist in christlich geprägten Ländern der Erzverräter schlechthin.

So weit, so gut. Doch die Geschichte von Judas geht weiter. Heute steht er in einer Reihe mit bekannten Verrätern wie Brutus, der den römischen Kaiser Cäsar ermordete, oder Mordechai Vanunu, der die geheime Nuklearforschung Israels aufdeckte, oder Robert Hanssen, der als FBI-Computer-Experte über 22 Jahre geheime Informationen an die Sowjetunion lieferte. Doch Judas übertrifft die Genannten bei Weitem und ist in christlich geprägten Ländern der Erzverräter schlechthin.

Allerdings ist und bleibt Judas Iskariot eine rätselhafte Figur. Sein Verrat steht am Beginn des Leidensweges Jesu, der mit der Kreuzigung endet. War es überhaupt Verrat? Nicht mal das beantworten die Evangelien eindeutig. Sie alle verwenden für die Tat das griechische Wort *„para-didomi"*, was so viel bedeutet wie: Judas „übergab" Jesus an die Hohepriester. Martin Luther übersetzte diese Stelle mit den Worten: er „überantwortete" ihn. Oder wäre die Übersetzung „lieferte ihn aus" beziehungsweise „übergab ihn" noch treffender? – Das wahrzunehmen ist wichtig, denn es macht einen deutlichen Unterschied, ob ich jemanden verrate oder jemanden übergebe.

Seine Motive und Gründe für die Tat bleiben rätselhaft. Im Lukasevangelium steht, dass Satan Judas für seine Zwecke benutzte. Bei Johannes wird er als untreuer und geldgieriger Finanzverwalter dargestellt. Und das Matthäusevangelium beschreibt ihn als reuigen Sünder, der die dreißig Silbergroschen zurückgibt und sich anschließend erhängt.

Später stellt ihn der Kirchenvater Augustinus als Marionette des Bösen dar: Eifersucht, Geldgier oder Ehrgeiz werden als Motive für sein Handeln diskutiert.

Vielleicht war Judas mit Jesu Verhalten nicht einverstanden und wollte ihn dazu bringen, seinen revolutionären Weg der Macht einzuschlagen. Also, dass Judas Jesus mit dem Verrat zur Offenbarung seiner göttlichen Macht, zu einer irdischen Königsherrschaft habe zwingen wollen.

Andere versuchen psychologisch ausgewogene Motive im Spannungsfeld des freien Willens des Menschen und des Heilsplans Gottes zu bemühen.

Judas und Die drei ???

Ich habe mich mal gefragt, wie wohl die bekannten drei Detektive „Die drei ???" an die Judasgeschichte herangehen würden. Vermutlich würden sie das Ganze als spezialgelagerten Sonderfall ansehen. Zu Recht! Denn hier tauchen viele Fragen auf:

Was waren seine wirklichen Motive?
War es Verrat oder Gehorsam?
Ist es nicht gerade seiner Tat zu verdanken, dass Jesus sein Versöhnungswerk überhaupt erfüllen konnte?
Beruht nicht die Auferstehungshoffnung als Initialzündung auf dem Kuss des Judas?
Warum gerade ein Kuss als Erkennungszeichen?

Normalerweise ist der Kuss eine Geste der Liebe und Zuneigung. Zwei Menschen gehen mit ihm eine innige, zärtliche Verbindung ein. Doch in der Judasgeschichte ist er das Symbol des Verrats. *Warum brauchte es ihn eigentlich überhaupt?* Schließlich war Jesus – selbst wenn er so normal wie alle anderen zur damaligen Zeit ausgesehen hat – ein stadtbekannter Mann. Trotzdem musste Judas die Soldaten zu ihm führen, so als hätte sich Jesus bei Tageslicht nie blicken lassen. *Es wäre doch auch ohne ihn und den Kuss möglich gewesen, Jesus zu verhaften, oder? Passt es eigentlich zur Botschaft Jesu, dass er diesen Jünger ins „offene Messer" laufen und somit bewusst zum Verräter werden lässt? Wird also durch Judas der göttliche Heilsplan ausgeführt?* – Unter diesem Aspekt hätte Judas ein großes Opfer gebracht, dann wäre er gar nicht mehr der extreme Sünder oder Superverräter.

Unser Umgang mit Judas

Ich habe langsam den Verdacht, wir dürfen Gott wie auch die Schilderungen der Bibel barmherziger denken, als die Kirchengeschichte bisher mit Judas umgegangen ist. Eugen Drewermann formuliert es so: „Kaum einem Menschen tut die Bibel so sehr Unrecht wie dem Judas. Von Jesu Aufruf zur Nächstenliebe, ja sogar Feindesliebe, blieb bei Judas nicht viel übrig." [39]

Diese Aussage löst erst mal Unbehagen aus. Immerhin steht sie im Widerspruch zu dem, was Jesus gesagt hat: *„Der Menschensohn muss zwar sein Leben lassen, wie es in der Heiligen Schrift vorausgesagt ist; aber wehe dem, der ihn verrät! Dieser Mensch wäre besser nie geboren worden."* (Matthäus 26,24). Doch Drewermann stellt die Tat von Judas nicht infrage; er hinterfragt vielmehr, wie wir, selbst 2000 Jahre danach, mit Judas umgehen.

Bei Matthäus bekennt Judas seine Tat: *„Ich habe Unrecht getan und einen Unschuldigen verraten!"* (Matthäus 27,4). In manchen Ländern ist es Teil des Justizsystems, dass Menschen, die echte Reue zeigen, selbst bei schweren Verbrechen Hafterleichterung oder sogar eine vorzeitige Entlassung bekommen. Die Hohepriester jedoch zeigten keine Reue, sie ignorierten den Mann, der zu ihnen in den Tempel kam und schuldbeladen bitterlich jammerte und um Hilfe bat. Die geistlichen Oberhäupter waren so darauf fokussiert, Jesus zu beseitigen, dass da kein Platz mehr für einen von Reue und Selbstzweifel geplagten Judas war. „Und so bleiben die Maßnahmen der Wiedergutmachung wirkungslos, als er die erworbenen Silberlinge zurückzugeben versucht und dann in den Tempel wirft (Matthäus 27,3ff.)." [40] Karl Barth fragt völlig zu Recht:

„Es besteht kein Anlass, diese Reue, dieses Bekenntnis und diesen Wiedergutmachungsversuch des Judas nicht ernst zu nehmen. Was fehlt hier eigentlich zu einer vollkommen Buße?"[41] Wie ist das mit uns? Sind wir bereit, Judas zu vergeben und seinen Verrat barmherzig zu beurteilen?

Für mich spiegelt sich in der Tat von Judas ein Scheitern seiner Liebe zu Jesus. Das ist menschlich, schuldhaft und tragisch zugleich. Wie komme ich darauf?

Sind wir bereit, Judas zu vergeben?

Es ist der Moment beim letzten Abendmahl, als alle, nachdem Jesus ihnen mitgeteilt hat, dass einer aus den eigenen Reihen ihn verraten wird, ihren Meister fragen: *„Du meinst doch nicht etwa mich, Herr?"* (Matthäus 26,22). Da scheint sich merkwürdigerweise keiner im Gefolge sicher zu sein, dass er so etwas nicht tun könnte.

Eine Frage, die auch uns irgendwie miteinbezieht. Der bekannte Theologe Helmut Gollwitzer kommt bei seinem Nachdenken über Judas zu dem Schluss: „Judas ist kein Sonderfall. Er ist unser aller Fall."[42]

Vergibt Gott einem Mörder?

Ich möchte Ihnen von einem Beispiel aus unserer Zeit erzählen, das sich 1975 in Südostasien, in Kambodscha, abgespielt hat: Mindestens 14.000 Menschen starben dort unter der Aufsicht eines Mannes. Er war der berüchtigte Folterknecht des kambodschanischen Diktators Pol Pot und seiner Roten Khmer. Kriegsverbrechen, Sklaverei, bestialische Folter und vorsätzlicher Mord hatte Kaing Guek Eav alias Genosse Duch zu verantworten. Als Leiter des berüchtigten Rote-Khmer-Gefängnisses Tuol Sleng („S-21") war er am Tod von Tausenden unmittelbar beteiligt.

Das Ziel der Roten Khmer war es, Ende der 1970er-Jahre eine kommunistische Agrargesellschaft zu verwirklichen. Sie trieben dazu die Städter aufs Land. Insgesamt 1,7 Millionen Menschen kamen während der vierjährigen Schreckensherrschaft ums Leben.

Danach fand Kaing Guek Eav zum christlichen Glauben – durch einen kanadischen Missionar, der seine Eltern und zwei Geschwister durch Morde der Roten Khmer verloren hatte. Er war überzeugt: Gott hatte ihm vergeben. Ende Juli 2010 wurde Kaing Guek Eav (67) zu 35 Jahren Haft verurteilt. Als seine Bekehrung bekannt wurde, war die Entrüstung groß: Kann Gott einem 14.000-fachen Mörder vergeben?

———

Jesus wird weder als zornig noch abweisend gegenüber Judas beschrieben. *„Mein Freund! Tu, was du dir vorgenommen hast!"*, zitiert ihn Matthäus (26,50), als Judas ihn grüßt und küsst. Und bei Lukas sagt er verwundert: *„Judas, willst du den Menschensohn mit einem Kuss verraten?"* (22,48).

Es ist eines der größten Symbole der Barmherzigkeit, dass Judas mit am Tisch sitzt, wenn wir in Abendmahl feiern. Jesus reicht auch ihm das Brot: „Mein Leib, für dich gegeben." Und den Kelch: „Mein Blut, für dich vergossen."

Diese Tatsache, dass es keine Abendmahlsgemeinschaft ohne Judas gibt, wird auf dem geschnitzten Altar in der St.-Jakobs-Kirche in Rothenburg ob der Tauber dargestellt. Dort reicht Jesus ausgerechnet seinem Verräter Judas das Abendmahl – zur Vergebung der Sünden.

Wenn schon Judas Hoffnung auf Gottes Erbarmen hat – jemand, der seine Situation selbst verschuldet hat –, wieso leben dann so viele Menschen, obwohl sie nichts für ihre Notlage können, in Hoffnungslosigkeit? Wo ist da bitte Gott?

Kapitel 13

Armut:

Eine Not schreit zum Himmel

1207 wurde sie in Ungarn geboren. Ihre Eltern waren die Königin und der König von Ungarn, sie selbst war damit eine waschechte Prinzessin. Schon als kleines Mädchen wurde sie dem ältesten Sohn des thüringischen Landgrafen versprochen. Als dieser verstarb, heiratete sie mit vierzehn dessen Bruder Ludwig – eine echte Liebesheirat. Sie wurde Landgräfin von Thüringen und bekam mit ihrem sieben Jahre älteren Mann drei Kinder und führte eine glückliche Ehe. Wissen Sie bereits, um welche berühmte Person es sich handelt? Genau, um Elisabeth von Thüringen.

Warum aber erwähne ich sie in diesem Kapitel? Vielleicht weil sie die Patronin von Thüringen und Hessen wurde? Oder weil der Kulturhistoriker Friedrich Heer Elisabeth als „eine der zartesten, innigsten und liebenswertesten" Heiligen des Mittelalters bezeichnete? Weil sie an meinem Wohnort Marburg gelebt hat und es dort die bekannte Elisabethkirche gibt? All das wären wichtige Gründe, aber sie treffen nicht den eigentlichen Kern, worauf ich bei Elisabeth von Thüringen hinaus möchte. Ein anderer Grund existiert da nämlich noch: Die Bevölkerung gab ihr damals den Beinamen „Mutter der Armen". Das macht sie für dieses Kapitel so interessant.

Schon zu der Zeit als sie auf der Wartburg zusammen mit Ludwig lebte, spendete sie großzügig aus dem Vermögen ihres Mannes für die Armen. „Aber sie lässt sich ihre barmherzigen Taten auch selbst etwas kosten: wenn sie am Hof gemeinsam zu Tisch sitzen, dann isst Elisabeth nichts, was unrechtmäßig durch Ausbeutung der Untertanen erworben sein könnte", schreibt Steffi Baltes in ihrem Buch über Elisabeth. Immer wieder besuchte Elisabeth auch die Armen in Eisenach in ihren Häusern. Es wird berichtet, dass die Dienerinnen Elisabeth oft nicht mit hineinbegleiteten, da sie sich vor dem Dreck, dem Gestank und den Krankheiten ekelten. Wer schon mal einen Slum besucht hat, der kann das Gefühl der Dienerinnen nachempfinden.

Lebenswirklichkeit Slum

In weltweit mehr als 200.000 größeren und kleineren Slums leben nach Schätzungen der Vereinten Nationen über eine Milliarde Menschen. Tendenz steigend: Bis 2030 sollen es bereits zwei Milliarden sein. Betrachtet man Armut als die schwerste Krise menschlicher Würde, dann sind Slums ihr sichtbarster Ausdruck.

> *Betrachtet man Armut als die schwerste Krise menschlicher Würde, dann sind Slums ihr sichtbarster Ausdruck.*

Wir kennen die Bilder aus den Nachrichten: von sehr armen Bevölkerungsgruppen dicht besiedelte städtische Elendsviertel. Charakteristisch für sie sind eine hohe Bevölkerungsdichte, eine willkürlich entstandene Siedlungsstruktur mit fast ausschließlich provisorischen Bauten sowie eine fehlende oder unzureichende Infrastruktur. So gibt es oft weder eine Müllabfuhr noch Kanalisation, geschweige denn eine ausreichende Wasserversorgung. Medizinische Grundversorgung und Geschäfte zur Deckung des täglichen Bedarfs sind in solchen Vierteln eine Ausnahme. Die Kriminalitätsrate ist hoch. All das sorgt für zahlreiche Krankheiten und eine geringe Lebenserwartung unter den Einwohnern.

In Kenias Hauptstadt Nairobi hatte das Armenviertel Kibera lange Zeit den Ruf, der größte Slum in ganz Afrika zu sein. Da genaue Bevölkerungszahlen nicht vorliegen, wird die Einwohnerzahl aktuell auf 200.000 Menschen geschätzt. Der Name leitet sich vom swahilischen Wort *kibra* ab, was so viel wie Wald oder Dschungel bedeutet.

Als Mitarbeiter des christlichen Kinderhilfswerks *Compassion* hatte ich Gelegenheit, Kibera einmal zu besuchen. Dort traf ich gemeinsam mit anderen Besuchern in einer der unzähligen aus Sperrholz und Wellblech zusammengeschusterten Hütten eine Familie und wir hörten uns ihre Geschichte an. Christine, Muendwa und James erzählten, wie hart das Leben im Slum ist. Eigentlich lebte die Familie als Viehhirten auf dem Land. Doch als durch eine zweijährige Trockenheit die Ziegen und Kühe der Familie starben, waren sie nach Nairobi gezogen – in der Hoffnung auf einen Job. Das war jedoch ein Trugschluss. So mussten sie irgendwann hier nach Kibera ziehen, weil in diesem Slum die Lebenshaltungskosten noch mal niedriger waren als in einem anderen Armenviertel. Als dann ihr Sohn James geboren wurde, waren sie nicht in der Lage, beide Kinder zu versorgen. Darum wohnt die ältere Tochter Martha bei den Großeltern auf dem Land.

Ihr Dasein ist ein ständiges Leben aus dem Defizit. Das Bestreben dieser Familie ist es ausschließlich, bis zur nächsten Mahlzeit zu überleben und Wege zu finden, wie es überhaupt eine solche geben kann. Sie sind ständig getrieben davon, woher sie etwas zu essen bekommen und wie sie ihre Miete für die Hütte bezahlen können. Für ihre Behausung müssen sie monatlich 3000 kenianische Schilling aufbringen – umgerechnet 24 Euro.

Muendwa erzählt, dass er vor einiger Zeit schwer krank war und zwischendurch unklar war, ob er überhaupt überleben würde. Heute verdient er mit seinen Einschränkungen infolge der Krankheit gerade mal 2400 Schilling im Monat. Und nach seinem Traum befragt, antwortet er: „Enough to eat every day through our own work" – Dass wir jeden Tag genug zu essen haben durch die Arbeit unserer Hände.

Mehr als nur Brot

„Unser tägliches Brot gib uns heute" – so lautet die Bitte um Brot im Vaterunser, die zugleich die Mitte des Gebets ist, das Jesus seine Jünger wie uns lehrte. In dieser Brotbitte geht es um Brot als Grundnahrungsmittel, doch „Brot" ist hier noch viel weiter gefasst. Der Begriff wird hier symbolisch verwendet für alles, was wir zu einem gelingenden Leben brauchen. „Brot steht als Begriff für unseren Lebensunterhalt überhaupt. Es ist *das* Lebensmittel schlechthin", schreibt der Theologieprofessor Manfred Köhnlein über diese Bitte im Vaterunser.[43] Brot ist der Inbegriff aller guten Gaben Gottes.

Als Jugendlicher habe ich jahrelang die Zeile im Vaterunser für mich selbst abgewandelt. Ich habe gebetet: „Mein tägliches Brot gib mir heute." Ich dachte, diese Bitte sei überflüssig. Ich verstand damals unter Brot nur „Nahrungsmittel", und da ich halt in Deutschland lebte, machte ich mir um die tägliche Versorgung mit Essen keinerlei Gedanken. Nur in einigen nachdenklichen Momenten habe ich damals an die Hungernden in Äthiopien oder Indien gedacht. Ich habe das Gebet leider recht ichbezogen verstanden und angewendet. Doch in der

In der vierten Bitte heißt es ausdrücklich nicht mein, sondern „unser tägliches Brot gib uns heute".

vierten Bitte heißt es ausdrücklich nicht mein, sondern „unser tägliches Brot gib uns heute".

Die Bibel und die Not der Menschen

Derzeit bevölkern 7,8 Milliarden Menschen den Planeten Erde. Allerdings kann nur gerade die Hälfte der Weltbevölkerung ihre Grundbedürfnisse decken. Weltweit leben laut Angaben der Weltbank 3,4 Milliarden Menschen unter der Armutsgrenze – sie haben weniger als 2,50 Euro pro Tag zur Verfügung. Und schätzungsweise 690 Millionen Menschen leiden Hunger. [44]Die weltweite Not ist riesig.

In den knapp 2000 Jahren Christenheit haben unzählige Gläubige die Bitte aus dem Vaterunser nach täglichem Brot gesprochen. Hat Gott all diese Gebete nicht erhört? Schließlich wurden sie doch im Laufe der Kirchengeschichte bereits Millionen Male gesprochen ...

Doch hat er.

Was er gibt, ist genug.

Locker genug.

Man muss den Blick nur einmal weiten. Wussten Sie beispielsweise, dass der UN-Ernährungs- und Landwirtschaftsorganisation (FAO) zufolge jährlich 1,6 Milliarden Tonnen Nahrungsmittel verschwendet werden? Das entspricht einem Drittel aller Lebensmittel.

Die Bibel weiß um die Not der Menschen. So beginnt das Buch Exodus mit der Schilderung eines Volkes, das verarmt und unterdrückt in Ägypten ums Überleben kämpft. Doch die Bibel belässt es nicht dabei, diese ungerechten Verhältnisse zu schildern, sondern berichtet von einem Gott, der das Leid und die Not der Menschen sieht:

„Ich habe das Elend meines Volks in Ägypten gesehen, und ihr Geschrei über ihre Bedränger habe ich gehört; ich habe ihre Leiden erkannt. Und ich bin herniedergefahren, dass ich sie errette aus der Ägypter Hand und sie aus diesem Lande hinaufführe in ein gutes und weites Land, in ein Land, darin Milch und Honig fließt" (2. Mose 3,7+8).

Gott stellt sich Mose und später dem Volk der Hebräer als ein Gott vor, der die Not sieht und das Schreien hört. Daran wird etwas ganz Zentrales über Gottes Wesen deutlich: Gott ist ein Gott des Erbarmens. Wenn Menschen unterdrückt werden, wenn Sie unter Armut und Ungerechtigkeit Höllenqualen leiden, dann reagiert Gott.

Gott ist ein Gott des Erbarmens.

Die Befreiung aus der Sklaverei in Ägypten und der Auszug (Exodus) ins Gelobte Land bilden die zentrale Erfahrung alttestamentlichen Glaubens. Entsprechend heißt es in der Präambel zu den Zehn Geboten in 2. Mose 20,2: *„Ich bin der Herr, dein Gott, der ich dich aus Ägyptenland, aus der Knechtschaft geführt hat."* Die erste vertrauensbildende Gottes- bzw. Glaubenserfahrung der Menschen lautete also damit: Gott kümmert sich um uns. Menschen, die nicht selbst für ihre Rechte eintreten konnten, die wenig Macht und keine Lobby hatten, die kein Licht am Ende des Tunnels sahen, denen widmete Gott seine ganze Aufmerksamkeit. Er gab ihnen einen besonderen Platz in seinem Herzen.

Wenig verwunderlich also, dass Gott in der weiteren Geschichte mit dem Volk Israel als „Anwalt der Armen" beschrieben wird (vgl. Psalm 146,7ff.; 5. Mose 10,17+18). Immer wieder wird betont, wie Gott sich selbst schützend vor die Armen stellt: *„Der Herr ist des Armen Schutz, ein Schutz in Zeiten der Not"* (Psalm 9,10). Dieses Erbarmen gegenüber den Armen wollte Gott auch in das innerste Herz des von ihm geschaffenen Gottesvolkes einpflanzen. Tief verwurzelt in den gesellschaftlichen Normen und Regeln des auserwählten Volkes sollte die Sorge um die Armen stehen:

„Es sollte überhaupt kein Armer unter euch sein; denn der Herr wird dich segnen in dem Lande, das dir der Herr, dein Gott, zum Erbe geben wird, wenn du nur der Stimme des Herrn, deines Gottes, gehorchst" (5. Mose 15,14).

Dieses ausgerufene Ziel, „es sollte überhaupt kein Armer unter euch sein", wurde in verschiedene Alltagsregeln heruntergebrochen. In 3. Mose 23,22 heißt es beispielsweise:

„Wenn ihr die Getreideernte einbringt, sollt ihr eure Felder nicht ganz bis an den Rand abmähen und auch keine Nachlese halten. Überlasst die Reste den Armen und Fremden! Ich bin der Herr, euer Gott."

Und nach 3. Mose 25 sollten alle 50 Jahre im sogenannten Erlassjahr die Sklaven freigelassen und die Schulden erlassen werden. Ziel des Erlassjahrs sollte sein, dass alle wieder zu Besitz kommen sollten, damit die Kluft zwischen Arm und Reich nicht zu groß, sondern wieder angeglichen werde. Was die Menschen durch Habgier und Egoismus durcheinandergebracht hatten, sollte also von Gottes Ordnung wiederhergestellt werden.

Gott wollte das Volk Israel nach und nach dazu formen, ein Beispiel zu sein. Ein Volk mit Vorbildfunktion für andere Völker. Zur Zeit des Exodus waren sie noch nicht sein heiliges Volk. Israel wurde aus dem Herrschaftsbereich Pharaos befreit, um in den Herrschaftsbereich Gottes einzutreten. Insofern ist der Exodus als Beginn eines gemeinsamen Weges anzusehen, auf dem sich Gott ein Beispielvolk schuf. Auf welche Weise dieses Volk beispielhaft leben sollte, wird besonders am Berg Sinai deutlich: Vor allem in der Beziehung zu Gott und zu den Mitmenschen sollte dieses Volk ein Vorbild sein – also in allen wesentlichen Bereichen des Lebens.

Dieser von Gott gegebene Auftrag spiegelt sich auch darin wider, wie der Leitfaden Gottes, die Zehn Gebote, aufgeteilt wurde: In den ersten fünf Geboten geht es um die Beziehung zu Gott, in den letzten fünf um das Miteinander der Menschen. Jesus bestätigt diesen Leitfaden Gottes im Neuen Testament in der Frage nach dem wichtigsten Gebot: Liebe Gott und deinen Nächsten, wie dich selbst.

Jesus führt Gottes Sicht für die Armen fort. In den Seligpreisungen nach Lukas 6,20 sagt Jesus: *„Selig seid ihr Armen!"* Zwar geht es in der Bergpredigt eigentlich um die „geistlich Armen", aber die Lukasfassung macht deutlich, dass es Jesus nicht nur um die geistlich Armen, sondern auch um die materiell Armen geht, denn den Hungernden verspricht Jesus, dass Gott sie satt machen wird (Lukas 6,21). Diese Seligpreisung der Armen ist jedoch nicht als Garantieerklärung für zukünftige bessere Lebensverhältnisse zu verstehen. Jesus greift hier alte Verheißungen des Propheten Jesaja (26,5; 41,17; 61,1ff.) auf, um zum Nachdenken anzuregen und um aufzurütteln – die Menschen damals und uns heute.

Elisabeth von Thüringen hat diese Botschaft von Jesus *„Freut euch, die ihr jetzt Hunger habt! Gott wird euch satt machen"* für die Armen ihrer Zeit erlebbar gemacht. Während der großen Hungersnot im Jahre 1226 ließ Elisabeth nämlich, als ihr Ehemann auf einer Reise war, die landgräflichen Kornspeicher öffnen und das Korn an die Armen verteilen. „Außerdem schenkt sie denen, die noch arbeiten können, Kleidung, Schuhe und Sense, damit sie sich wieder selbst ihren Lebensunterhalt erwerben können"[45], schreibt Steffi Baltes in ihrem Buch über Elisabeth von Thüringen.

Elisabeth bewies schon in jungen Jahren, sie ist zu diesem Zeitpunkt erst 19, eine große Weitsicht: Sie gab Hilfe zur Selbsthilfe. Die Armen sollten demnächst in der Lage sein, sich selbst zu helfen.

Ein Jahr nach der Hungersnot, 1227, starb Ludwig auf einem Kreuzzug. Elisabeth floh daraufhin nach Eisenach, mehrfach musste sie ihre Unterkünfte wechseln und lebte zusammen mit ihren Kindern in einfachsten Verhältnissen. Eines Tages traf sie dann eine Entscheidung und zog weiter nach Marburg, da dort ihr Beichtvater Konrad lebte. Vor den Toren Marburgs gründete sie dann das Franziskus-Spital. Sie brachte ihr gesamtes Hab und Gut ein, ganz nach dem Vorbild des Franz von Assisi, und widmete ihr ganzes Leben Jesus Christus. Mit all ihrer Kraft setzte sie sich bis zu ihrem Tod im Jahr 1231 für die Kranken, Aussätzigen und Armen ein.

In Elisabeth lassen sich viele Charakterzüge ihres Vorbildes Jesus entdecken. Elisabeth hatte sich selbst und ihr sicheres Leben im Wohlstand losgelassen und ihr Herz für die Armen geöffnet. Sie schlug eine Brücke zwischen der Barmherzigkeit Gottes und der Not der Menschen. Durch ihre Taten und Worte brachte sie die Menschen in Berührung mit Gott.

Am Ende unseres Besuchs in Kibera erzählte Muendwa, der Vater, dass er unseren Besuch nicht als Zufall ansieht. Er würde uns vielmehr als von Gott Gesandte ansehen: „We see God in you today, thank you for coming!"

Diese Berührung mit Gott geschieht tatsächlich – an Hunderten Orten und zu allen Zeiten.

– Wir sehen heute Gott in euch, danke, dass ihr gekommen seid!

Und in dem Lebensmittelpaket, das Öl, Mehl, Reis, Seife und andere Dinge des täglichen Bedarfs enthielt, wurde für sie Gottes Sorge für die Armen auch noch greifbar. Das blaue Quadrat, das Sie rechts oben auf Infobroschüren oder Anzeigen vom christlichen Kinderhilfswerk *Compassion* sehen, steht als Symbol für diesen biblischen Auftrag. Es symbolisiert die „Ecke", die wir für die Armen übrig lassen sollen.

Dieses Kapitel schließe ich mit einem Zitat von Mutter Teresa: „Gott hat die Armut nicht erschaffen. Er erschuf nur uns. Das Einzige, was die Armut beseitigen kann, ist miteinander zu teilen." Damit wir anfangen zu teilen, bedarf es manchmal eines kleinen Wunders. Um große Wunder soll es im nächsten Kapitel gehen.

Kapitel 14

Wunder:

Barmherziges Eingreifen Gottes

Viele Jahre litt Katharina Schadegg unter schlimmen Albträumen. Immer wieder träumte sie, dass sie von Monstern gejagt und auf einen tiefen Abgrund zugetrieben werde. Nie hatte sie im Traum die Möglichkeit zu entkommen oder wegzurennen. Schweißgebadet wachte sie dann meist auf, war aber durch den fehlenden Schlaf alles andere als erholt. Sie hatte keine Idee, was sie gegen diese Albträume tun könnte. Irgendwann gesellten sich körperliche Beschwerden hinzu: Schulter- und Rückenschmerzen sowie seelischer Schmerz und ein deutliches Schweregefühl. Die Folge: Panikattacken. Sie fing daraufhin an, intensiv nach Hilfe zu suchen, und lernte unter anderem eine Frau kennen, die ihr von Reiki erzählte. Diese Frau meinte, sie könnte ihr durch die körperlich-mentale Energiearbeit helfen. So buchte Katharina Schadegg monatlich eine Reiki-Sitzung, bei der sie die Hände aufgelegt bekam.

Anfangs hatte sie tatsächlich das Gefühl, es werde besser. Doch leider kehrten die Schmerzen etwas später noch heftiger zurück und auch seelisch ging es ihr nicht gut.

Frau Schadegg arbeitete damals in einem Modegeschäft. Zur gleichen Zeit war eine ihrer Stammkundinnen an Morbus Bechterew erkrankt, einer Krankheit mit rheumatischen Schmerzen und der Versteifung von Gelenken. Die Beschwerden, die sie hatte, blieben auch Katharina Schadegg nicht verborgen. Aber eines Tages kam diese Frau ganz beschwingt in das Modegeschäft. Schon von Weitem war zu erkennen, wie sehr sie strahlte. Im Geschäft begann sie dann mit leuchtenden Augen zu erzählen: „Stell dir vor, Jesus hat mich geheilt!" Was war passiert? Ein Pastor hatte für sie gebetet und sie war einfach so völlig gesund geworden. Voller Begeisterung erzählte die Kundin Katharina Schadegg von Jesus, wie er ihr Leben verändert habe, und dass sie jetzt Christ sei. Katharina Schadegg konnte das nicht recht fassen. Geheilt zu sein, das wollte sie auch.

Noch im Geschäft wurde sie von der Kundin gefragt, ob sie körperliche Beschwerden habe und ob sie für sie beten darf. Frau Schadegg verstand außer den Worten „Jesus" und „Father God" kein Wort des englischsprachigen Gebets, das die Kundin in ihrer Muttersprache voller Inbrunst sprach. Doch dann spürte sie auf einmal, wie ihre Schmerzen wie weggeblasen waren. Eine tiefe Freude erfüllte sie und alle Lasten fielen von ihr ab. Daraufhin besuchte Katharina Schadegg eine christliche Kirchengemeinde und fing an, sich für Jesus zu interessieren. Bald traf sie die Entscheidung, Jesus in ihr Leben einzuladen. Und seit dieser Entscheidung, so berichtet sie, hatte sie nie wieder Albträume.

Die Geschichte von Katharina Schadegg, die auf der schweizerischen christlichen Plattform *jesus.ch* veröffentlicht wurde[46], ist keine übermäßig herausragende Wundergeschichte, sondern eine der vielen glücklich ausgegangenen Heilungsgeschichten, wie man sie zu Tausenden im Internet in unterschiedlichsten Variationen und mit allen möglichen wie außergewöhnlichen Erkrankungen finden kann. Doch andererseits sind da auch die unzähligen Menschen, die sich ebenfalls im Gebet, durch Handauflegung oder Krankensalbung des Pastors an Jesus gewandt haben und nicht geheilt wurden. Bei ihnen blieb das Wunder der Heilung aus.

Sind solche Wundergeschichten wahr? Wie kann man Wunder in einer aufgeklärten und rationalen Welt einsortieren? Was ist überhaupt ein Wunder? Und was haben Wunder eigentlich mit dem Thema „Barmherzigkeit" zu tun?

Was sind Wunder?

Viele Bücher, wissenschaftliche wie theologische, haben sich bereits ausgiebig mit dem Thema Wunder beschäftigt. Manche wohlwollend, andere eher nüchtern und distanziert, wieder andere ablehnend-kritisch und einige sehr euphorisch. Auf jeden Fall bietet das Thema Wunder ausreichend Diskussionsstoff. Schon seit der Antike versuchen Naturwissenschaftler, die Geheimnisse der Natur zu lüften. Und seit dem Ende des Mittelalters hat unser menschliches Wissen einen enormen Quantensprung gemacht, es nimmt fortwährend und in rasender Geschwindigkeit ständig zu. Doch als Menschen müssen wir auch stets zugeben, wir wissen bei Weitem nicht alles: Wie kam es zum Urknall? Oder wie ist die Erde anders entstanden? Wieso hat sich Leben aus diesem Planeten überhaupt entwickelt? – Fragestellungen wie diese öffnen einen Raum für Wunder oder für Geschehnisse, die wir als Wunder beschreiben.

Ein biblisch ausgerichteter Vortrag des Theologen Peter Wick auf der Plattform *worthaus.org* sowie das Buch „Der Wundertäter" von Klaus Berger haben mir einen guten Zugang zu Wundern aus christlicher Sicht gegeben. Einige ihrer Gedanken fließen im Folgenden hier mit ein.

Fangen wir ganz grundlegend an: Wunder sind Erfahrungen, die ein unerklärliches Phänomen beschreiben. Was jedoch jeder Einzelne unter einem Wunder versteht, ist von Mensch zu Mensch ganz verschieden. Wird beispielsweise jemand nach langer Krankheit wieder gesund, kann das ebenso eine wundersame Wendung des Lebens sein, wie dass jemand mit der Diagnose einer tödlichen Krankheit von heute auf morgen von den Ärzten als geheilt beurteilt wird. Dass sich etwa die Tumore von Krebspatienten zurückbilden und über Jahre nicht mehr nachwachsen. Oder Schmerzen vom einen auf den anderen Moment verschwinden. Jahrelang quälende Knieprobleme lösen sich in Luft auf durch die Handauflegung oder das Gebet eines Menschen.

Wunder sind Erfahrungen, die ein unerklärliches Phänomen beschreiben.

Wunder können ebenso kleine Dinge sein – beispielsweise besonders schöne Momente wie ein Sonnenuntergang oder wenn zwei Menschen sich wieder versöhnen. Oder wenn eine Underdog-Mannschaft überraschend gegen den haushohen Favoriten gewinnt – man denke nur an „Das Wunder von Bern". Oder die ersten Blumen, die ihre Köpfe durch den Schnee stecken. Immer geht es dann darum, dass Außergewöhnliche wahrzunehmen und entsprechend zu deuten.

Für gläubige Menschen sind Wunder vor allem Zeichen der Gegenwart Gottes. Sie sind außergewöhnlich und nicht wiederholbar, also einmalige Stationen auf dem Weg Gottes zu den Menschen. Einmalig, weil jeder Mensch seinen ganz eigenen Weg zum Glauben und mit dem Glauben hat.

Wie man sich zu Wundern positioniert

Weder die Menschen im Alten noch im Neuen Testament hatten irgendwelche Probleme mit Wundern. Unter den Christen in Deutschland gibt es jedoch sehr unterschiedliche Positionen, was den Umgang mit Wundern betrifft – mindestens zwei stehen sich gegenüber:

Auf der einen Seite sind da die stark wunderkritischen Christen. Sie bestreiten jegliches Wunder nach dem Motto: Was rational, sprich naturwissenschaftlich, nicht möglich ist, kann es nicht geben. Wohlwollende Vertreter dieser Position messen den Wundern der Bibel noch eine symbolische Bedeutung bei.

Die Vertreter der anderen Position rechnen auch heute noch mit Wundern. Während manche Wunder in der Entstehungszeit der jungen Kirchengeschichte verorten, gehen sie fest davon aus, Gott heilt auch heute noch Menschen und wirkt nicht rational erklärbare Dinge. Vehemente Vertreter dieser Position tun sogar so, als wäre Gottes Macht verfügbar und damit die Wunder eine menschlich greifbare Sache.

Von biblischer Seite erfahren beide Positionen Unterstützung. Die Bibel bringt da Wunder und Vernunft miteinander in Einklang. So kommen in der Bibel zwei Gottesnamen vor, die sowohl seine rationale als auch seine unerklärliche Seite zum Ausdruck bringen wollen.

Elohim und JHWH

Zunächst gibt es da den Gottesnamen Elohim. Dieser steht für den ordnenden, nach Vernunftmaßstäben agierenden und gerechten Gott. Er kommt insbesondere in der ersten Schöpfungsgeschichte vor.

Das Tetragramm JHWH wiederum steht für den barmherzigen und intervenierenden Gott. Dieser Gottesname kommt erstmals in der Bibel bei Mose und dem brennenden Dornbusch vor, als es darum geht, dass JHWH die Not des versklavten Volkes gesehen hat und beschließt, einzugreifen.

Elohim und JHWH stehen sich in den fünf Büchern Mose gegenüber – aber es gibt nur einen Gott. Und dieser ist rational wie intervenierend.

Wunder durchbrechen die Ordnung

Am Anfang des Kapitels hatte ich die Frage gestellt, was Wunder mit Barmherzigkeit zu tun haben. Hier nun findet sich die Antwort: In Wundern drückt sich die Barmherzigkeit Gottes aus, sich über bestehende naturwissenschaftliche Regeln hinwegzusetzen. Oder anders gesagt: Wunder durchbrechen – von Gott gewirkt – die von Gott selbst ins Leben gerufene (physikalische) Ordnung.

> *Wunder durchbrechen – von Gott gewirkt – die von Gott selbst ins Leben gerufene Ordnung.*

Beim Blick ins Neue Testament könnte man den Eindruck gewinnen, Jesus habe ständig die physikalischen Ordnungen außer Kraft gesetzt. Gerade in den Evangelien wimmelt es nur so an Wundern:

- die Heilung der Schwiegermutter des Petrus (Markus 1,29–31),
- die Heilung des Gichtbrüchigen (Markus 2,1–12),
- die Sabbatheilung des Menschen mit der verdorrten Hand (Markus 3,1–6),
- die Heilung der Frau mit Blutfluss (Markus 5,25–34),
- die Heilung des Taubstummen (Markus 7,31–37),
- die Heilung des Blinden von Bethesda (Markus 8,22–26),
- die Heilung von zehn Aussätzigen (Lukas 17,11–19),
- die Heilung des Gelähmten, der durchs Dach kommt (Lukas 5,17–26),
- die Totenauferwerkung des Jünglings von Naïn (Lukas 7,11–17) und des Lazarus (Johannes 11,1–45),

- die Fernheilung des Dieners eines römischen Offiziers (Matthäus 8,5–13),
- die Heilung des Kranken am Teich Bethesda (Johannes 5,1–9),
- die Heilung eines Blindgeborenen am Teich Siloah (Johannes 9,1–7),
- die Speisung der 5000 (Matthäus 14,13–21; Lukas 9,10–17; Johannes 6,1–13),
- ein wunderbarer Fischfang (Lukas 5,1–11),
- die Stillung des Seesturms (Markus 4,35–41) usw..

Schauen wir uns eins der unzähligen Wunder Jesu an. Das Wunder, das ist dafür ausgesucht habe, ist jedoch keins der offensichtlichen, wie beispielsweise die Heilung eines Blinden oder Gelähmten. Es steht in Markus 1,40–45:

„Einmal kam ein Aussätziger zu Jesus. Er fiel vor ihm auf die Knie und bat: ‚Wenn du willst, kannst du mich heilen!' Jesus hatte Mitleid mit dem Mann. Deshalb streckte er die Hand aus, berührte ihn und sagte: ‚Das will ich! Sei gesund!' Im selben Augenblick war der Aussatz verschwunden und der Mann geheilt. Dann schickte Jesus ihn weg und schärfte ihm ein: ‚Sag niemandem etwas, sondern geh sofort zum Priester und lass dich von ihm untersuchen. Danach bring das Opfer für deine Heilung dar, wie es Mose vorgeschrieben hat. So werden die Menschen sehen, dass ich im Auftrag Gottes handle.' Doch der Mann ging davon und erzählte überall, wie er geheilt worden war. Danach konnte Jesus keine Stadt mehr betreten, ohne Aufsehen zu erregen. Er zog sich deshalb in einsame Gegenden zurück. Aber auch dorthin kamen von überall die Leute zu ihm."

Wäre es doch heute noch so einfach. Wir wenden uns an Jesus und im Nu sind unsere Beschwerden verschwunden.

Diese Heilung, die irgendwo in Galiläa passierte, zeigt ganz typische Elemente einer Heilungsgeschichte:
1. Begegnung des Kranken mit dem Wunderheiler.
2. Bitte um Heilung .
3. Wundertäter lässt sich von der Not berühren.
4. Worte und/oder Geste zur Heilung.
5. Feststellung des Heilungserfolgs.
6. Öffentliche Wirkung der Heilung.

Der Mann wollte von einer nicht näher beschriebenen Hautkrankheit geheilt werden. (Das Wort Aussatz wird in der Bibel als Sammelbezeichnung verwendet für ganz verschiedene Hauterkrankungen.) Vermutlich handelte es sich dabei um die hochansteckende Lepra-Krankheit oder um eine andere, die Menschen abschreckende und zutiefst irritierende Erkrankung mit Hautsymptomatik.

Das mit den Hautkrankheiten ist so eine Sache. Viele Hautsymptome sind für andere gar nicht sichtbar, es sei denn, man befindet sich in Badebekleidung im Schwimmbad. Und auch zur Zeit Jesu hielt man sich eher bedeckt. Insofern wären die Menschen in der Stadt erst einmal zutiefst argwöhnisch gewesen, wenn dieser Mann einfach so erzählt und behauptet hätte, er wäre wieder gesund. Also riet Jesus ihm, er solle sich zuerst, noch ehe er es anderen erzählt, offiziell von den Priestern seine Heilung bestätigen lassen.

Das Besondere an dieser Geschichte steckt jedoch in Vers 41: *„Jesus hatte Mitleid mit dem Mann. Deshalb streckte er die Hand aus, berührte ihn und sagte: ‚Das will ich! Sei gesund!'"*

Jesus hatte Mitleid mit ihm.

Luther übersetzt „es jammerte ihn".

Im Griechischen steht dort σπλαγχνίζομαι – *splagchnizomai*, was so viel heißt wie: die Eingeweide drehen sich um. Anders ausgedrückt: Im tiefsten Inneren bewegt dich etwas.

Bei den griechischen Dichtern galten die Eingeweide als Sitz der heftigeren Leidenschaften wie Zorn und Liebe; bei den Hebräern hingegen als Sitz der Barmherzigkeit, der zärtlicheren Zuneigungen, des Wohlwollens und des Mitleids. Jesus sieht, wie dieser Mann unter seiner Hautkrankheit leidet und mit welchen Einschränkungen er seinen Alltag gestalten muss. Wenn er tatsächlich eine der verschiedenen Lepraformen gehabt hat, dann wird er unter seinen Verstümmelungen an Gesicht, Händen, Füßen oder Rücken gelitten haben. Jesus, gepackt und ergriffen von Barmherzigkeit, kann nicht anders als einzugreifen und ihm zu helfen. Er heilt diesen Mann.

So sind Wunder – es sind barmherzige Interventionen Gottes. Gott erbarmt sich über uns. Er lässt sich von unserer Situation, unserer Not berühren. Allerdings greift er wahrscheinlich nicht immer ein. Das ist aber eben auch das Besondere: Aus Wundern lässt sich nämlich keine Ordnung machen.[47]

> So sind Wunder, es sind barmherzige Interventionen Gottes.

Wunder ziehen sich in der Geschichte Gottes mit den Menschen wie ein roter Faden durch die Bibel: Gott führt sein Volk Israel mitten durch das Wasser des Schilfmeeres, Gott lässt die Mauer von Jericho einstürzen und der Prophet Elisa kann Öl vermehren und Tote wieder lebendig machen.

Auch im Neuen Testament sind die Wunder Zeichen für Gottes Wirken und Gegenwart: Jesus verwandelt auf einer Hochzeit Wasser in Wein, Blinde werden sehend und Lahme können gehen.

Jedes Wunder ist ein Ausdruck von Gottes Barmherzigkeit. Sie sind Zeichen des anbrechenden Reiches Gottes, sie sind Hoffnungsgeschichten und fordern zur Barmherzigkeit auf.

Wie einfach barmherziges Handeln die Welt verändern kann, macht Jesus durch ein Gleichnis in der Gerichtsrede (Matthäus 25,31–46) klar, das wir uns im nächsten Kapitel ansehen werden.

Jedes Wunder ist ein Ausdruck von Gottes Barmherzigkeit.

IV

BARM
HERZIGE
TATEN

„Wenn wir jemanden sehen,
der um Hilfe bittet, halten wir da an?
Es gibt viel Leid und Armut,
und es braucht viele barmherzige Samariter."

Jorge Mario Bergoglio – Papst Franziskus

Kapitel 15

Vision für eine bessere Welt:

Chefsache Barmherzigkeit

Für jedes Problem, das einem im Leben begegnet, scheint es mittlerweile ein Buch zu geben. Bücher, die dabei helfen möchten, die vor einem liegende Herausforderung erfolgreich in fünf, sieben oder zehn Schritten zu bewältigen. Und es finden sich Ratgeber darunter, an die hätte man so schnell nicht gedacht: „Die heilige Birma Katze — Ernährung, Erziehung, Pflege und vieles mehr!", „Vater werden für Anfänger", „Zehn Schritte zum Performance Level", „Wie richtiges Aufräumen ihr Leben verändert", „Gelassenheit lernen für Dummies" oder „Best of Allgemeinwissen". Mein persönlicher Favorit ist „Der Ratgeber für Alles", der weise Ratschläge und Lebenserfahrung parat hält für alle Eventualitäten und Hürden des Lebens.

Bestimmt finden sich auch in Ihrem Bücherregal ein, zwei oder gleich mehrere solcher Ratgeber. In der Bibel habe ich einen Text entdeckt, der prima zu dieser Rat gebenden Literatur passt. Seine Überschrift lautet: „In sechs Schritten in den Himmel". Inhaltlich geht es um sechs barmherzige Taten:
Hungernden etwas zu essen zu geben,
einem Durstigen Wasser reichen,
einen Flüchtling aufnehmen,
getragene Klamotten an Bethel spenden,
die Tante im Krankenhaus besuchen
und einen Gefängnisinsassen aufsuchen.

Vollbringe ich all diese Taten, brauche ich mir anschließend keine Sorgen mehr zu machen über das Leben nach dem Leben ...

Doch soll das Gleichnis vom Weltgericht, das Jesus in Matthäus 25,31–46 erzählt, wirklich so gemeint sein und damals wie heute so verstanden werden? Ich denke, wir müssen uns die Mühe machen, genauer hinzusehen, wie die sechs Ratschläge gemeint sind:

„Wenn der Menschensohn in seiner ganzen Herrlichkeit kommt, begleitet von allen Engeln, dann wird er auf seinem Königsthron sitzen. Alle Völker werden vor ihm versammelt werden, und er wird die Menschen in zwei Gruppen teilen, so wie ein Hirte die Schafe von den Ziegen trennt. Die Schafe stellt er rechts von sich auf und die Ziegen links. Dann wird der König zu denen an seiner rechten Seite sagen: ‚Kommt her! Euch hat mein Vater gesegnet. Nehmt Gottes Reich in Besitz, das er seit Erschaffung der Welt als Erbe für euch bereithält!

- *Denn als ich hungrig war,*
  habt ihr mir zu essen gegeben.
- *Als ich Durst hatte,*
  bekam ich von euch etwas zu trinken.
- *Ich war ein Fremder bei euch,*
  und **ihr habt mich aufgenommen.**
- *Ich hatte nichts anzuziehen,*
  und **ihr habt mir Kleidung gegeben.**
- *Ich war krank,*
  und **ihr habt für mich gesorgt.**
- *Ich war im Gefängnis,*
  und **ihr habt mich besucht.‘**

Dann werden sie, die nach Gottes Willen gelebt haben, fragen: ‚Herr, wann bist du denn hungrig gewesen, und wir haben dir zu essen gegeben? Oder durstig, und wir gaben dir zu trinken? Wann warst du als Fremder bei uns, und wir haben dir Gastfreundschaft gewährt? Und wann hattest du nichts anzuziehen, und wir haben dir Kleider gebracht? Wann warst du denn krank oder im Gefängnis, und wir haben dich besucht?‘ Der König wird ihnen dann antworten: ‚Das will ich euch sagen: Was ihr für einen meiner geringsten Brüder oder für eine meiner geringsten Schwestern getan habt, das habt ihr für mich getan!‘ Dann wird er sich denen an seiner linken Seite zuwenden und sagen: ‚Geht mir aus den Augen, ihr Verfluchten, ins ewige Feuer, das für den Teufel und seine Engel bestimmt ist! Denn ich war hungrig, aber ihr habt mir nichts zu essen gegeben. Ich war durstig, aber ihr habt mir nichts zu trinken gegeben. Ich war als Fremder bei euch, aber ihr habt mich nicht aufgenommen. Ich hatte nichts anzuziehen, aber ihr wolltet mir keine Kleider geben. Ich war krank und im Gefängnis, aber ihr habt mich nicht besucht.‘ Dann werden auch sie ihn fragen: ‚Herr, wann haben wir dich denn hungrig oder durstig, ohne Unterkunft, ohne Kleidung, krank oder im Gefängnis gesehen und dir nicht geholfen?‘ Darauf wird ihnen der König antworten: ‚Ich versichere euch: Die Hilfe, die ihr meinen geringsten Brüdern und Schwestern verweigert habt, die habt ihr mir verweigert.‘ Und sie werden der ewigen Strafe ausgeliefert sein. Aber die Gottes Willen getan haben, erwartet unvergängliches Leben.“

Jesus liebt es, göttliche Wahrheiten in Geschichten einzubetten. Am Ende des Matthäusevangeliums, eingebettet in eine endzeitliche Rede, stellt er uns hier ein gewaltiges Bild einer Herde vor Augen. Die Herden der Hirten im Nahen Osten bestanden meist aus Schafen und Ziegen. Diese mussten aber abends voneinander getrennt werden; da Ziegen nicht so hart im Nehmen sind wie Schafe, mussten sie im Warmen untergebracht werden. Und da sich ein Schaf und eine Ziege in der Abenddämmerung etwas ähneln, musste der Hirte schon mal genauer hinsehen, wenn er die Tiere sortierte.

In diesem Gleichnis trennt allerdings nicht der Hirte, sondern der Besitzer der Schafherde, der König, die Schafe von den Ziegenböcken. Doch das mythologische Bild wandelt sich rasch in eine Art Gerichtsverhandlung zwischen Himmel und Erde. Wenn Jesus wiederkommt, dann wird er, wie wir im Glaubensbekenntnis sprechen „ ... kommen, zu richten die Lebenden und die Toten".

In vielen Kathedralen und Kirchen ist diese „Gerichtsszene" meist hoch oben im Gewölbe angebracht. Manchmal steigen zur rechten Seite Menschen in den Himmel auf und auf der linken Seite stürzen Menschen herab. Der Grundgedanke dieser Bilder ist der in diesem Matthäustext beschriebene Dualismus: Den Barmherzigen geht es gut, allen Gleichgültigen ergeht es übel. Anders gesagt: Es existieren nur zwei Möglichkeiten: weiß oder schwarz. Grautöne, wie es sie normalerweise im Leben gibt, kommen in solchen alten Darstellungen nicht vor.

Mit diesem Schwarz-Weiß-Schema wurde dem Text aus dem Matthäusevangelium allerdings Unrecht getan. Denn darin geht es um die sogenannten „Werke der Barmherzigkeit": Hungrige speisen, Dürstenden zu trinken geben, Fremde aufnehmen, Nackte kleiden, Kranke besuchen, Gefangene nicht allein lassen. Es geht um barmherzige Taten, die einen guten Menschen – biblisch gesprochen „den Gerechten" – ausmachen.

Das Kriterium Barmherzigkeit

Jesus verwendet in diesem Text, in dem es um ein Weltgericht am Ende der Zeiten geht, eine antike Vorstellung mit persischen, babylonischen und jüdischen Wurzeln. Im Judentum ist das endzeitliche Weltgericht eng verknüpft mit der kommenden messianischen Herrschaft.

Was erwarten wir von einer Gerichtsverhandlung im Allgemeinen? Wohl doch Gerechtigkeit, und dass der Richter ein weises und nachvollziehbares Urteil fällt.

In dem von Jesus für eine Gerichtsverhandlung beispielhaft erzählten Gleichnis gibt es ein gewichtiges Kriterium. Dieser Maßstab ist für „alle Völker der Erde" grundlegend – also nicht nur für die Jünger Jesu oder das Volk Israel. Nach klassisch biblischem Gebrauch sind mit „alle Völker" „alle Heidenvölker" gemeint. Insofern und interessanterweise stellt Jesus hier also keinen expliziten Bezug zum Gesetz des Alten Testamentes her. (Obwohl im Judentum solche moralischen Werke hochgeschätzt waren. Als Liebeswerke galten die Aufnahme von Wanderern, die Erziehung von Waisenkindern, Krankenbesuche, die Bestattung von Toten oder das Trösten der Trauernden.) Zu den „Gerechten" könnten demnach auch Menschen ohne einen Glauben an Christus gehören.

Paulus vertritt einen ähnlichen Gedanken, wenn er in Römer 2,14ff. (GN) schreibt: *„Auch wenn die anderen Völker das Gesetz Gottes nicht haben, gibt es unter ihnen doch Menschen, die aus natürlichem Empfinden heraus tun, was das Gesetz verlangt. Ohne das Gesetz zu kennen, tragen sie es also in sich selbst."*

Ein sehr interessanter Gedanke, wie ich finde. Wer am Ende tatsächlich gerecht gesprochen wird, diese Entscheidung liegt, Gott sei Dank, bei Jesus.

Jesus ist der Bedürftige

Von besonderer Bedeutung bei diesem Gleichnis ist, dass diejenigen, die barmherzig gehandelt oder es unterlassen haben, ja nicht wussten, wem sie letztlich geholfen haben oder eben nicht. Die kleine Rückfrage, die die Angesprochenen Jesus stellen, drückt dies aus: *„Wann bist du denn hungrig gewesen, und wann haben wir dir zu essen gegeben?"* Jesus war da. Direkt vor ihnen.

Sie haben es einfach nicht gemerkt!

Sie haben es einfach nicht gewusst!

Sie hatten keine Ahnung, dass sich der Menschensohn, Jesus, mit den Bedürftigen ausdrücklich identifiziert. Dass er sich auf die Seite der Hungrigen, Durstigen, Fremden, Nackten, Kranken und Gefangenen stellt.

Jesus war da. Direkt vor ihnen. Die Gerechten (oder, besser gesagt, die Barmherzigen) in diesem Gleichnis besaßen weder einen „How-to-do"-Ratgeber, der ihnen Tipps an die Hand gab, wie sie in sechs Schritten in den Himmel kommen würden, noch strebten sie danach, irdische Gaben gegen Gottes Gaben zu tauschen. Sie führten ihr Leben einfach so, wie sie es für richtig und sinnvoll erachteten. Und das schloss ein, dass sie den Armen Geld spendeten für Nahrungsmittel, Kranke in der Klinik besuchten und nicht mehr passende Hemden der Diakonie-Kleiderkammer zukommen ließen.

Die Antwort auf die von ihnen gestellte Frage, die zum Schlüssel für dieses Gleichnis wird, hatte keiner von ihnen vorher auch nur ansatzweise erahnt! Sie taten es aus ihrem natürlichen Empfinden heraus und kamen so unmittelbar in Berührung mit jemandem, der den Notleidenden selbst schon längst begegnet war.

Gottes Welt tickt anders

Mit dem Gleichnis rückt auch stärker das Kriterium in unser Blickfeld, wie wir Menschen sehen, um deren Wertschätzung wir uns eher wenig, oft zu wenig, bemühen. Normalerweise werden wir von anderen mit Leistungs- und Werteskalen bewertet, mit denen wir groß geworden sind. Doch bei diesem Weltgericht zählen keine Noten, akademischen Titel, keine Auszeichnungen wie ein Bundesverdienstkreuz, keine Likes bei Facebook, keine Kennzahlen, sportlichen Höchstleistungen oder Genesungsraten. Gott denkt anders. Er stellt unsere Maßstäbe auf den Kopf. Im Reich Gottes werden die Letzten die Ersten sein, und wer klein von sich denkt, wird erhöht werden. Gottes Welt tickt anders als unsere Welt. Sein Kriterium ist Barmherzigkeit.

Vielleicht sind Sie glaubensmäßig so geprägt, dass sich jetzt bei Ihnen Unsicherheit und ein etwas flaues Gefühl in der Magengegend breitmachen; dann kann ich Ihnen sagen, mir geht es genauso. Schließlich schwingen bewusst oder unbewusst die Fragen mit, wo man am Ende wohl landet: bei den Gerechten oder den Gleichgültigen? Bei den Schafen oder den Böcken?

Ehrlich gesagt, liegt die Antwort darauf irgendwo dazwischen – also als Chimäre, ein Mischwesen: halb Schaf, halb Ziegenbock. Schließlich ist es doch so: Mal setzen wir uns für Bedürftige ein und ein anderes Mal gehen wir achtlos an einer trauernden Person vorbei.

Letztlich ist diese Antwort bei Weitem nicht beruhigend und lässt das flaue Gefühl nicht verschwinden, oder? Doch eine gute Nachricht habe ich da für Sie. Wer ist hier in diesem Gleichnis noch mal der Richter? Genau, Jesus. Er, der wie kein anderer für Gnade und Barmherzigkeit steht. Er weiß um die Grautöne unseres Lebens bestens Bescheid. Viele seiner

Jünger lebten schon damals ein Dunkelgrau. Und dass er als menschgewordener Gott um diese menschliche Mischung, die wir nun mal sind, weiß, sollte uns zuversichtlich machen und unser flaues Gefühl endgültig vertreiben.

Barmherzigkeit statt Opfer

Vielleicht fragen Sie sich: Was soll das Ganze? Das flaue Gefühl voller Bedenken ist zwar nun weg, aber Kopfschmerzen machen sich breit, weil Sie sich fragen: Kann diese groß angelegte Gegenüberstellung von Schafen und Böcken mit Jesus als Richter denn überhaupt mehr sein als *Gott will Barmherzigkeit.* ein apokalyptisches Szenario aus der Gedankenschmiede vorreformatorischer Verunsicherungsrhetorik? Kann diese Gerichtsrede mehr bewirken, als dass wir uns verunsichert, verängstigt oder schlecht fühlen?

Ja, dieses Gleichnis kann und will mehr. Denn es möchte uns deutlich machen: *Gott will Barmherzigkeit.*

Schaut man genau hin, stellt man fest, dass dieser Text eine Brücke baut zwischen dem Alten und Neuen Testament. Er verbindet die Worte des Propheten Hosea: *„Ich will, dass ihr barmherzig seid; eure Opfer will ich nicht"* (Hosea 6,6; NLB), mit den Worten Jesu: *„Seid barmherzig, wie euer Vater im Himmel barmherzig ist"* (Lukas 6,36).

Die Erzählung mit den Schafen und Böcken ist der Höhepunkt eines langen Teils einer Rede, in dem Jesus den Gläubigen seiner Zeit – und insbesondere den damaligen Möchtegern-Anführern – ihr Versagen vorwirft, so zu leben, wie Gottes Volk eigentlich leben sollte. Sie waren vom rechten Weg abgekommen. Jesus aber weiß, was für uns Menschen der beste Weg ist: die Barmherzigkeit.

Wer jetzt vielleicht denkt, dieser Bibeltext würde alle biblischen Gesetze außer Kraft setzen und nur auf eine reine Mitmenschlichkeit abzielen, der versteht ihn falsch. Ebenso versteht ihn auch diejenige falsch, die annimmt, es komme nur auf gute Werke an und der Glaube an Jesus spiele nur eine untergeordnete Rolle. Beides will der Text so nicht ausdrücken. Dafür steht er nicht allein für sich, sondern ist als Teil des Matthäusevangeliums in Zusammenhang mit all den anderen Aussagen über Gott zu sehen. Gleichnisse und Bilder offenbaren uns nie ein vollständiges Bild von Gott, der uns Jesus als persönlichen Ausdruck seiner Liebe und Barmherzigkeit gesandt hat.

Chefsache Barmherzigkeit

Jesus hat mit der exemplarisch und sicher mühelos zu verlängernden Aufzählung guter Taten nicht weniger als die Forderung von Mitmenschlichkeit zur Chefsache gemacht: *„Was ihr für einen meiner geringsten Brüder oder für eine meiner geringsten Schwestern getan habt, das habt ihr für mich getan!"* Und dieser Text hat schon immer Christen bewegt. Der Benediktinerpater Anselm Grün bezeichnet ihn als die „Zusammenfassung des ganzen Evangeliums".[48]

Ich habe den Verdacht, Jesus will mit diesem Gleichnis seinen Nachfolgerinnen und Nachfolgern eine klare Ausrichtung und Vision für die Zukunft geben – dass Barmherzigkeit ein wichtiger Baustein des Himmelreichs ist. Schließlich ist das Himmelreich – oder auch Reich Gottes genannt – seine Vision, die Menschen vor sich selbst zu retten. Dafür gibt Gott alles: Er wird in Jesus Mensch. Mit Jesus kommt der Himmel auf die Erde, das Reich Gottes beginnt mitten unter uns (Lukas 17,21; Markus 1,15).

Barmherzigkeit ist ein wichtiger Baustein des Himmelreichs.

Über 117-mal redet Jesus vom Reich Gottes. Es ist sein Thema. Von diesem „Reich Gottes", das Jesus weder als rein zukünftig noch als nur utopisch, sondern als gegenwärtig verstand, träumte er. Und diesen Traum machte er unter Einsatz seines Lebens, Schritt für Schritt, in Worten und Taten wahr. Er glaubte an eine neue Zeit, in der die Menschen verändert miteinander umgehen. Diesen neuen Maßstab des Erbarmens hat er selbst beispielhaft verwirklicht. Und das Bild von den Böcken und den Schafen zeichnet ein Bild von Menschen, die Barmherzigkeit üben.

Jesus lädt uns ein, diesen Traum zu leben: Teil des Reiches Gottes zu sein und ebenso barmherzig zu sein wie der Vater im Himmel. Was Jesus hier macht, ist in etwa das, was der berühmte französische Autor Antoine de Saint-Exupéry einmal so ausgedrückt hat:

„Wenn du ein Schiff bauen willst, dann trommle nicht Männer zusammen, um Holz zu beschaffen, Aufgaben zu vergeben und die Arbeit einzuteilen, sondern lehre die Männer die Sehnsucht nach dem weiten, endlosen Meer."[49]

Einigen Menschen, die auf das Meer hinausgefahren sind und sich aufopferungsvoll um Jesu geringste Brüder oder geringste Schwestern gekümmert haben, werden wir in den nächsten sechs Abschnitten begegnen. Auch sie sind ein Beispiel, was passiert, wenn Barmherzigkeit an Ort und Stelle zur Chefsache gemacht wird.

Kapitel 16

Mitgefühl verändert:

„Ihr habt mir zu essen gegeben"

Vor mehr als 65 Jahren flog Pastor Everett Swanson von Chicago nach Südkorea, um sich um die amerikanischen Truppen zu kümmern, die im Koreakrieg kämpften. Während seiner Zeit dort wurde er zunehmend beunruhigt durch den Anblick Hunderter Kriegswaisen, die von der Gesellschaft verlassen und hungernd auf der Straße lebten. Eines Morgens dann sah er, wie Stadtarbeiter etwas aufhoben, das wie ein Haufen Lumpen aussah, und es auf die Ladefläche eines Lastwagens warfen. Er ging auf den Wagen zu, um es sich genauer anzusehen, und war entsetzt. Bei dem „Haufen" handelte es sich nicht um Lumpen, sondern um gefrorene Körper von Kindern, die über Nacht auf der Straße gestorben waren.[50] Dieser Moment brannte sich so tief bei Swanson ein, dass er den Kindern nicht länger den Rücken zukehren konnte. Er begann nach Wegen zu suchen, um ihnen zu helfen.

Entsetzt über die große Zahl kleiner, zitternder und hungernder Kriegswaisen auf den Straßen, begann er, seine Erlebnisse in Gottesdiensten zu erzählen. Einige aus den versammelten Gemeinden reagierten daraufhin mit Spendengeldern. So konnte er Reis für die Kinder und Brennstoff für die Heizung kaufen.

Einmal, als Swanson für einen Kurzaufenthalt in seine Heimat nach Chicago zurückkehrte, fand er dort in seiner Post zwei Schecks über 50 und 1.000 Dollar. Dies deutete er als ein Zeichen Gottes, er solle in Korea langfristig helfen. Infolgedessen übernahm er Verantwortung für 35 Waisenkinder, nachdem er wieder in Korea war. Er versorgte sie mit Essen, Kleidung und einem Dach über dem Kopf.

Das Amt des Paten

Im Laufe der Jahre entwickelte er ein spezielles Programm für die Unterstützung einzelner Kinder. Seine Idee, „Paten" für ein einzelnes Kind zu suchen, scheint an die frühkirchliche Taufpraxis angelehnt zu sein. Damals wurde für einen Taufbewerber, der der Gemeinde oder dem Bischof nicht bekannt war, ein Pate aus der Gemeinde gefunden, der den Täufling begleitete. Und Bartholomäus Ziegenbalg, der die Grundlagen der protestantischen Mission entwickelte, griff diesen Gedanken auf. Er regte im 18. Jahrhundert an, dass einige seiner Mitchristen eine Patenschaft für junge Inder übernehmen sollten. Insofern hatte das Amt des Paten einen hohen Stellenwert und hat diesen bis heute.

Everett Swanson ermutigte Kirchen wie Privatpersonen, mit ein paar Dollar im Monat ein Kind zu unterstützen. Mit den gesammelten Geldern wurden den Kindern regelmäßig Bibelstunden ermöglicht und Lebensmittel, Kleidung, Unterkunft und medizinische Hilfe bereitgestellt. Die sogenannten 1-zu-1-Patenschaften, mit denen ein Kind durch einen Paten oder eine Patin gefördert wird, sind bis heute für das christliche Kinderhilfswerk *Compassion* wichtig.

Um die Gelder zu verwalten und sich um das Tagesgeschäft des Dienstes an den Waisenkindern zu kümmern, gründete Swanson im Keller seines Hauses in Chicago die gemeinnützige *Everett Swanson Evangelistic Association*.

Bis September 1961 unterstützte diese 108 Waisenhäuser und Heime in Südkorea. Zwei Jahre später nahm bei Pastor Swanson das Unbehagen darüber zu, dass sein Name für einen wachsenden Dienst steht. Das Ganze mündete in eine Konsequenz. Inspiriert durch die Worte Jesu in Matthäus 15,32: *„Ich habe Mitleid mit der Menge. Ich werde sie nicht hungrig wegschicken"*, änderte er den Namen der *Everett Swanson Evangelical Association* in *Compassion Incorporated*.

Am 15. November 1965 starb Pfarrer Swanson – nach 13 intensiven Jahren, in denen er einen bahnbrechenden Dienst aufgebaut hatte. Der Vorstand von *Compassion* wählte anschließend, nach mehreren Monaten des Gebets, Pfarrer Henry L. Harvey zum Präsidenten. In dessen achtjähriger Amtszeit dehnte sich die Arbeit von *Compassion* auf insgesamt 17 Länder aus. Allerdings kümmerte sich das Hilfswerk von da an nicht mehr nur um Waisen, sondern um alle bedürftigen Kinder aus Familien, die unter extremer Armut leiden.

Sehnsucht nach erfülltem Leben

Wenn Jesus in der Bibel von Hunger spricht, meint er nicht nur den knurrenden Magen. Hunger ist ganzheitlich zu verstehen, so wie auch die Bitte im Vaterunser „Unser tägliches Brot gib uns heute" umfassend zu verstehen ist. Im Kleinen Katechismus beantwortet Martin Luther die Frage „Was heißt denn täglich Brot?" so: „Brot ist alles, was Not tut für Leib und Leben, wie Essen, Trinken, Kleider, Schuh, Haus, Hof, Acker, Viehe, Geld, Gut, fromm Gemahl, fromme Kinder, frommes Gesinde, fromme und treue Oberherrn, gut Regiment, gut Wetter, Friede, Gesundheit, Zucht, Ehre, gute

Freunde, getreue Nachbarn und desgleichen."[51] Diese Aufzählung zeigt deutlich, dass Luther die Bitte nach Brot in einem umfassenden Sinn verstanden hat. Brot ist mehr als nur ein Grundnahrungsmittel. Es steht als ein Symbol für alle lebensnotwendigen Dinge. „Hunger ist für Jesus ein Bild für den tieferen Hunger des Menschen"[52], schreibt Pater Anselm Grün. Hunger steht für die Sehnsucht nach einem erfüllten Leben. Ebenso haben es die Verantwortlichen bei *Compassion* auch gesehen und Förderprogramme erweitert. Ab 1970 wurden spezielle Betreuungszentren geschaffen zur Behandlung von Kindern mit körperlichen Behinderungen und medizinischen Erkrankungen, die durch Operationen, Training, Physiotherapie, angemessene Ernährung und therapeutische Ausrüstung Hilfe boten. Das schulbezogene Patenschaftsprogramm half Kindern von Subsistenzbauern oder Witwen, die wegen der Gebühren oder weil keine Schule zur Verfügung stand, nicht zur Schule gehen konnten, regelmäßig eine Schule zu besuchen. Alle Patenkinder erhielten auch medizinische Versorgung, zusätzliche Mahlzeiten, Kleidung und biblischen Unterricht.

Heute arbeitet Compassion mit über 8000 Gemeinden in 25 armen Ländern zusammen, um die Kirchen zu unterstützen, sich ganzheitlich um die Ärmsten der Armen zu kümmern. Die Mitarbeiter der kirchlichen Kinderzentren führen regelmäßig mit den Kindern Einzelgespräche und kennen daher ihre individuellen Bedürfnisse sehr genau und sind in der Lage, ihnen mit dem zu helfen, was sie am meisten brauchen. Die umfassende Förderung der Kirchen hilft den Kindern, physisch, emotional und sozial zu wachsen und ihr Potenzial zu entfalten.

Was einst mit der Verantwortung und Sorge für 35 Waisenkinder begann, ist heute eines der größten christlichen Kinderhilfswerke weltweit.

Konkrete Hilfen für konkrete Nöte

Ähnliche Erfolgsgeschichten barmherziger Männer und Frauen gibt es natürlich viele zu berichten: In Deutschland wurde die *Caritas* beispielsweise durch das zupackende Erbarmen eines Mannes gegründet. Nach seiner Priesterweihe kehrte Lorenz Werthmann 1886 von Rom nach Deutschland zurück. Als Domkaplan lernte er in Frankfurt das Elend und die Armut einer Großstadt kennen. Das motivierte ihn (am Vorbild der Inneren Mission), 1897 den Caritasverband ins Leben zu rufen. Dieser wurde als Folge der großen Not des Ersten Weltkrieges 1916 offiziell als Sozialverband der katholischen Kirche in Deutschland anerkannt.

Ein weiteres Beispiel: In den 1960er-Jahren machte die *„Freedom from Hunger Campaign"* auf die Armut und den Hunger in der Welt aufmerksam. Dieser erbarmungswürdige Zustand von Millionen Menschen veranlasste 1962 Bundespräsident Heinrich Lübke dazu, den „Deutschen Ausschuss für den Kampf gegen den Hunger" zu gründen. Seither verfolgt dieser Verein ein Ziel: die Ernährung aller Menschen, und setzt sich namentlich als *„Deutsche Welthungerhilfe e. V."* bei großen Hungersnöten, Überschwemmungen oder Dürren für die Menschen ein.

Viele Menschen versuchen, die Bitte um Brot, die Sehnsucht nach einem erfüllten Leben, das Wort Jesu in die Tat umzusetzen, indem sie sich für Kinder oder Familien in Ländern mit einem hohen Anteil an Armen engagieren. Vielleicht gehören Sie auch zu den unzähligen Menschen, die Geld für eine der vielen guten und vertrauenswürdigen Organisationen spenden. Ich denke, etwas zu geben ist definitiv eine konkrete Antwort auf die konkrete Bitte Jesu. Machen Sie das ruhig weiter – im Namen Jesu.

Kapitel 17

Keinen Menschen aufgeben:

„Ihr habt mich im Gefängnis besucht"

Gefängnisse sind Orte, die auf uns Menschen irgendwie faszinierend wirken. Sie bleiben meist versteckt vor der öffentlichen Wahrnehmung, werden von Menschen gemieden, befinden sich aber oft mitten in einer Stadt. Es sind Orte, die in unserer Vorstellung weitgehend durch fiktionale Bilder aus Krimis oder Filmen geprägt werden. Doch wer sich in ein Gefängnis begibt, der trifft dort Justizvollzugsbeamte wie Insassen, die mit ihren Lebensumständen ringen. Ich selbst war schon einige Male in einer Justizvollzugsanstalt zu Besuch – in Siegen, Butzbach, Attendorn und Werl. Und ich weiß noch, wie ich nach meinem ersten Besuch überrascht feststellte, dass die Insassen eben nicht wüste, schroffe Typen sind, sondern zumeist freundliche und manchmal auch hochgebildete und gesittete Menschen. Insofern stand meine Begegnung mit den Insassen in einem starken Kontrast zu den Stereotypen aus Film und Fernsehen.

Ja, die Gefangenen haben in ihrem Leben ein oder mehrere Verbrechen begangen. Sie wurden zu Recht verurteilt wegen verschiedener Formen der Rechtsbeugung, Steuerhinterziehung, Verkehrsunfallflucht, wegen Raub, Vergewaltigung, Brandstiftung oder Körperverletzung mit Todesfolge. Manche waren bis zu ihrer Tat liebevolle oder weniger liebevolle Ehepartner, gute oder weniger gute Bürger, engagierte oder korrumpierende Angestellte, die irgendwann eine Grenze überschritten haben, vielleicht sogar etwas Schlimmes und nicht wieder Herstellbares getan haben und somit die Grenzen des gesetzlich Erlaubten überschritten haben. Viele kommen aus eher ärmeren Verhältnissen, sind eher ungebildet, wurden als Kind vernachlässigt oder missbraucht und sind dann in falsche Gesellschaft geraten. Habgier, Eifersucht, Hass oder Rache sind nur einige der Motive, die Menschen kriminell werden lassen. Durchaus menschliche Motive. Und das Potenzial, jemand anderem zu schaden oder wehzutun, steckt ja leider in jedem Menschen. Zum Glück werden jedoch bei den meisten Menschen die dunklen Gefühle und Gedanken nicht in Taten umgesetzt, sondern in Schranken gehalten. Bei manchen jedoch öffnen sich die Schranken. Das Leben dieser Menschen verlief oft nicht geradlinig. Eine Vielzahl unterschiedlicher Schwierigkeiten in Familie, Schule, Erziehung oder Beruf ließ diese Männer und Frauen zu Verbrechern werden. Einige fielen schon als Kinder auf, weil sie stahlen oder Dinge von anderen zerstörten. Manche sehen Gewalt als Strategie an, um Konflikte zu lösen. Eine kleine Zahl leidet auch unter einer psychopathischen Erkrankung. Den klassischen Gefangenen gibt es nicht.

———

In Kontakt gekommen mit der Welt der Gefängnisinsassen bin ich in der Zeit, als ich noch in Siegen lebte. Damals wurde ich von einem alten Freund, Matthias Bohn, gefragt, ob ich ihn nicht unterstützen möchte, einen Gottesdienst in der Justizvollzugsanstalt zu gestalten. Matthias war nach seiner Ausbildung zum Pastor wieder in seinen alten Beruf als Zerspanungsmechaniker zurückgekehrt. Doch er brannte weiter dafür, Menschen zu begleiten, die in einer bestimmten Lebensphase Hilfe benötigten. So wurde er auf die Arbeit der Siegerländer Gefangenenmission aufmerksam, ein Arbeitszweig des CVJM im Siegerland. „Ich hatte schon immer ein Herz für Menschen am Rande der Gesellschaft. Menschen, deren Biografie nicht geradlinig und etabliert verlaufen ist; die sich durch äußere Umstände, falsche Entscheidungen oder persönliche Schicksale strafbar gemacht haben", erzählte er mir. Ihnen auf Augenhöhe zu begegnen, mit ihnen Zeit zu verbringen und vorurteilsfrei zu sprechen, wurde für Matthias ein wichtiger Teil seines Lebens. Mit den Gefängnisinsassen Gottesdienste zu feiern, war ein konkreter Ausdruck davon.

Nach einigen Gottesdiensten fragte Matthias mich, ob ich mir nicht vorstellen könnte, einmal im Gefängnis die Predigt zu halten. Ich sagte zu und fing an, mir Gedanken zu machen. Die biblischen Geschichten über Schuld und Umkehr kamen mir als Erstes in den Sinn. Oder wäre es besser, vom liebevollen Vater zu reden, fragte ich mich selbst. Aber vielleicht hatten einige einen brutalen Vater erlebt. Dann wäre eine Predigt über das Vaterbild Gottes nicht passend. Auch gaben mir die Hinweise von Matthias für meine Vorbereitung zu denken:

„Bloß kein kanaanäisch! Sei authentisch! Sprich anschaulich! Tu nicht so, als wenn du dich in sie hineinversetzen kannst, wenn du keine Ahnung hast. Lass den Honigtopf daheim."

Also eine andere Predigt als in einer „normalen" Gemeinde ...

„Zwischenrufen und direktes Nachfragen sind übrigens an der Tagesordnung", warnte er mich zudem. „Lass dich nicht aus dem Konzept bringen."

Vielleicht sollte ich was Interaktives machen ...

„Ach ja, und noch was – die Insassen kommen nicht wegen des Gottesdienstes – zumindest die meisten nicht. Sie kommen, weil sie hoffen, dass eine weibliche Besucherin mit dabei ist oder weil sie Musik mögen. Viele kommen einfach, um sich mit anderen zu unterhalten oder um dieses und jenes im Gottesdienst heimlich auszutauschen. Die Wenigsten kommen, weil sie Gott suchen. Also, mach es kurz und bündig."

Da war ich erst einmal ernüchtert. Aber ich nahm wahr, dass sich die Leute freuten, jemanden zu sehen, der freiwillig und ehrenamtlich zu ihnen in den Knast kam. Jemand, der ihnen Respekt zeigte. Denn gerade dieses menschliche Grundbedürfnis nach Achtung und Höflichkeit spielt in der Gefängniswelt eine besondere Rolle.

Über was ich damals gepredigt habe, daran kann ich mich heute nicht mehr erinnern. Vermutlich waren es aber zu viele fromme Worte. Was soll man auch sonst von jemandem erwarten, der bis dahin fast ausschließlich im christlichen Kontext gelebt hat? Aber ich erinnere mich noch gut daran, wie aufgeregt und unsicher ich war, ob und wie meine Worte Gehör finden. Und dass es tatsächlich so war, dass auch einer ständig dazwischenredete, der von einem Mitinsassen zur Ruhe ermahnt wurde. Nach der Predigt habe ich mich dann noch mit zwei Gefangenen unterhalten, die sich höflich für unseren Besuch bedankten.

Vertrauen und Hoffnung

Matthias Bohn ist seit 2009 Leiter der Gefangenenmission und zeigt seit über 15 Jahren durch seine Besuche im Gefängnis und die persönlichen Gespräche zunächst einmal schlicht Präsenz. Seine Besuchsdienste tragen dem Glauben an einen Gott Rechnung, der uns als Zeichen seiner Liebe und Barmherzigkeit in Jesus besucht hat. Durch seine regelmäßigen Besuche bildet er Vertrauen zu den Gefängnisinsassen, sodass er sie während und nach der Haft begleiten kann. Menschen wie Matthias Bohn, die sich trotz eines anspruchsvollen Alltags auf den Weg ins Gefängnis machen, setzen damit ein starkes Zeichen, denn die regelmäßigen Besuche können für viele der Insassen zu einer Quelle der Ermutigung und Hoffnung werden.

Gottesdienste, Gespräche und die persönliche Begleitung während der Haftstrafe sind ein Teil des Engagements. Doch neben dem Reden ist die praktische Tat genauso wichtig. Im Siegerland sagt man: „Ned schwätze – mache." So werden jedes Jahr Hunderte von Weihnachts- und Osterpakete für die Gefangenen organisiert oder es wird sich um finanzielle Unterstützung gekümmert, um bei einem ehemaligen Insassen die kaputte Waschmaschine zu reparieren.

Zusätzlich hat die Siegerländer Gefangenenmission begonnen, mit verschiedenen christlichen Bands Konzerte in den Justizvollzugsanstalten zu organisieren und durchzuführen. Für viele der Bandmitglieder ist so ein Auftritt der erste Besuch hinter Gittern. Auch das Catering ist für manche eine besondere Erfahrung. Das Essen vor dem Konzert ist bei Weitem nicht so opulent und vielfältig wie das bei Hallenkonzerten. Und die Personen rechts und links neben dir, die dir dein Equipment tragen helfen, sind keine Roadies – es sind Inhaftierte. Und immer wieder kommt es dann vor, dass die Musiker sich ein Herz fassen und mal ganz naiv nachfragen, warum sie denn hier einsitzen. So kann es passieren, dass ein Insasse kurz vor einem Konzert ganz trocken raushaut: „Wegen Raubmord!"

Stille.

Entgleiste Gesichter der Bandmitglieder.

„Ich war zum falschen Zeitpunkt am falschen Ort. Und mein Opfer auch. Ich sitze hier zu Recht. Ich kann nie wieder rückgängig machen, was ich getan habe", fügt der Insasse hinzu. Er sitzt seit über 20 Jahren im Gefängnis und kümmert sich seit vielen Jahren als „Küster" um die Gottesdienstvorbereitung. „Während all der Jahre", so berichtet er, „habe ich immer wieder gehört, dass dieser Jesus sagt, dass ich mich mit seiner Hilfe ändern kann. Ich will es mal so ausdrücken: Ich bin auf dem Weg."

Ich frage mich: Wie viele Gemeinden oder Christen machen sich auf den Weg in ein Gefängnis? In seiner Gerichtsrede in Matthäus 25 sagt Jesus: *Ich war im Gefängnis, und ihr habt mich besucht.* " Er hat also konkrete Männer und Frauen vor Augen, die sich tatsächlich auf den Weg ins Gefängnis machen, um dort Menschen zu besuchen. Um den Insassen dort ihre Nähe und Solidarität zu zeigen.

„Ich will es mal so ausdrücken: Ich bin auf dem Weg."

Vielleicht empfinden Sie beim Lesen dieses Abschnitts Erbarmen mit den Menschen, deren Lebensweg so krumm verläuft. Falls Sie im Siegerland leben, dann wissen Sie jetzt schon mal, wo sie anfragen können, um mitzuarbeiten. Die Organisation *Schwarzes Kreuz,* die *Gefährdetenhilfen oder die Gefängnisseelsorge* der Kirchen engagieren sich ebenfalls an vielen Orten in Deutschland, um dieses Werk der Barmherzigkeit mit Leben zu füllen.

Kapitel 18

Schmerz lass nach:

„Ihr habt für mich gesorgt"

Ich vermute, dass jede und jeder von uns dieser Aufforderung Jesu, „Kranke zu besuchen", schon mehr als einmal nachgekommen ist. Einen kranken Freund, den an Diabetes erkrankten Vater, die Großmutter, die einen Schlaganfall erlitten hat, oder einen mit Herzinfarkt eingelieferten Onkel haben wir bestimmt schon mal im Krankenhaus oder daheim besucht. Manchmal eher aus Pflichtbewusstsein heraus, ein anderes Mal mit echter Anteilnahme. Hier und da sind wir vielleicht auch durch eine lebensbedrohliche Erkrankung so verunsichert, dass wir uns am liebsten vor einem Besuch drücken wollen. Aber in der Regel begeben wir uns ins Krankenzimmer. Damit könnten wir recht fix dieses Werk der Barmherzigkeit abhaken. Doch den ersten Christen genügte nicht nur ein reiner Besuch. Sie hatten das Gefühl, dass bei einem Krankenbesuch mehr als Anteilnahme drin ist. Und so forderte Jakobus die Kranken auf:

„Wenn jemand von euch krank ist, soll er die Gemeindeleiter zu sich rufen, damit sie für ihn beten und ihn im Namen des Herrn mit Öl salben. Wenn sie im festen Vertrauen beten, wird der Herr den Kranken heilen. Er wird ihn aufrichten und ihm vergeben, wenn er Schuld auf sich geladen hat" (Jakobus 5,14+15).

Jesus hat Kranke besucht und Kranke wurden zu ihm gebracht. Alle Kranken, die er traf, wurden geheilt. Darum sollen auch wir die Kranken besuchen und uns für ihre Heilung einsetzen – mit unseren Möglichkeiten und direkt vor Gott. Dr. Paul Brand ist so jemand, der mit Geschick und Gott auf seiner Seite vielen Menschen die Linderung ihrer Schmerzen gebracht hat. Er genießt einen hervorragenden Ruf als Mediziner. Eine spezielle Handoperation bei Leprakranken ist nach ihm benannt. Finger und Füße konnten durch diesen Eingriff in ihrer Beweglichkeit wiederhergestellt werden. Ebenso erforschte er, dass diese Funktionseinschränkung nicht auf die Infektion mit dem Leprabazillus zurückzuführen ist, sondern eine sekundäre Folge des Verlustes von Schmerz- und Temperaturempfindungen in Händen und Füßen von Leprapatienten war, der durch Nervenschäden verursacht wurde. Im Laufe der Jahre wandte er sein erworbenes Wissen auch auf andere Krankheiten, insbesondere Diabetes, an.

Brand war von der Bedeutung des Schmerzes als Schutzmechanismus so beeindruckt, dass er zusammen mit dem bekannten Autor Philip Yancey ein Buch geschrieben hat mit dem Titel „The Gift of Pain" (Das Geschenk des Schmerzes). Brand erklärt mit ganzer Überzeugung: „Ich kann mir kein größeres

Ohne Schmerz würden Herzinfarkte oder Blinddarmdurchbrüche ohne jegliche Vorwarnung auftreten.

Geschenk für meine Leprapatienten vorstellen. (...) Die meisten Menschen sehen im Schmerz den Feind. Aber wie meine Leprapatienten beweisen, zwingt er uns dazu, die Angriffe auf unsere Körper ernst zu nehmen. Ohne Schmerz würden Herzinfarkte oder Blinddarmdurchbrüche ohne jegliche Vorwarnung auftreten. Wer würde je zum Doktor gehen, wenn der Schmerz ihn nicht warnen würde?"[53]

Brands Eltern waren Missionare, die in entlegenen Bergregionen im Südwesten Indiens – in einer Welt voller Schmetterlinge, Vögel und tropischer Früchte – arbeiteten. Pauls Vater betrieb dort eine einfache medizinische Klinik. Brand besuchte ab 1923 im Alter von nur neun Jahren in London, ganz ohne seine Eltern, eine Schule. Per Telegramm erhielt Paul 1929 die Nachricht, dass sein Vater überraschend am Schwarzwasserfieber infolge einer Malaria-Erkrankung gestorben war. Paul hatte seinen Vater zuletzt vor sechs Jahren gesehen.

Nach der Schule absolvierte er eine Ausbildung als Bauzimmermann. Doch dieser Beruf erfüllte ihn nicht und er begann, Medizin zu studieren. Im Studium lernte er Margaret Berry kennen, die sich besonders für die Augen von Leprakranken interessierte. Die beiden verliebten sich ineinander und heirateten im Jahre 1943. Brand ließ sich dann zum Handchirurgen ausbilden. 1946 wurde er von Dr. Robert Cochrane, einem herausragenden Leprologen und Talentsucher, eingeladen, nach Indien zu kommen, um am Christian Medical College and Hospital, einer renommierten medizinischen Fakultät Indiens mit christlichen Wurzeln und Werten, Chirurgie zu unterrichten. Diese Einladung sollte den zukünftigen Verlauf seines Lebenswerkes bestimmen.

In Indien erkannte Brand nach kurzer Zeit, wie viele aufgrund von Lepra verarmte Bettler an den Straßen saßen. Ihre deformierten wie verkrüppelten Hände und Füße machten sie zu sozialen Außenseitern.

Wenn Jesus einen Leprakranken heilte, dann befreite er ihn nicht nur von seinen Schmerzen, sondern holte ihn auch aus der sozialen Isolation.

Lepra geißelt vor allem die Armen. Sie haben kein Geld, sich behandeln zu lassen. Darum werden nach und nach ihre Gesichter entstellt oder sie verlieren ihre Gliedmaßen. Durch ihre Krankheit und dass sie ohnehin zur Kaste der Unberührbaren gehören, werden sie gesellschaftlich an den Rand gedrängt.

Schon zu biblischen Zeiten mussten Leprakranke großen Abstand zu anderen halten und lebten oft außen vor der

Stadt. Sobald sie jemandem begegneten, mussten sie „unrein, unrein!" rufen. Wenn Jesus also einen Leprakranken heilte, dann befreite er ihn nicht nur von seinen Schmerzen, sondern holte ihn auch aus der sozialen Isolation.

Anfang 1947 unternahm Cochrane mutig einen neuen Versuch mit Sulfon, das billig und leicht herzustellen war, aber bis dahin als zu giftig galt, um es Leprakranken zu verabreichen. Seine Ergebnisse waren vielversprechend und gaben allen Leprakranken Hoffnung.

Brand machte sich in der Zwischenzeit daran, die Ursachen der Missbildungen zu erforschen und eine effektive Form der Behandlung zu finden. Normalerweise wurden Leprapatienten nicht operiert, aber er begann, sie chirurgisch zu behandeln, und war damit erfolgreich. In den Folgejahren verfeinerte er seine Operationstechniken und entwickelte seine Forschung zur Prävention weiter. Durch Margaret und Paul Brand erfuhren viele Leprakranke in Indien, dass ihre Krankheit kein Schicksal blieb. Sie spürten durch die geschickten Hände der Brands etwas von Gottes Barmherzigkeit.

1964 kehrte das Ehepaar Brand nach London zurück, wo Paul dann zwei Jahre später als Direktor der Rehabilitation in Carville bis zu seiner Pensionierung arbeitete. In den USA gehörte Brand zum öffentlichen Gesundheitsdienst der Vereinigten Staaten und war Mitglied des

Sie spürten etwas von Gottes Barmherzigkeit.

Expertengremiums der Weltgesundheitsorganisation für Lepra und engagierte sich weiterhin bei der *Lepra-Mission International* (Er war von 1993 bis 1999 Präsident.), wobei er stets im Stillen kluge Ratschläge weitergab.

In all den Jahren lernte Brand viele bekannte Politiker und Persönlichkeiten kennen. Bei einer Eröffnung einer Lepraklinik unterhielt er sich mit Mutter Teresa. „Wir haben Medikamente für Leute mit Krankheiten wie Lepra", sagte Mutter Teresa. „Aber die Medikamente behandeln nicht das Hauptproblem: die Krankheit des Unerwünschtseins. Dem wollen meine Schwestern abhelfen."[54]

Sowohl Mutter Teresa als auch Dr. Brand empfanden einen „übernatürlichen Ruf" und „eine Extraportion Mitgefühl" für die Leprakranken, um die Gefahr des Selbst-krank-Werdens beiseiteschieben zu können.

Für die Krankenbesuche, mit denen wir für gewöhnlich konfrontiert werden, benötigen wir keinen übernatürlichen Ruf. Wir müssen uns in der Regel nicht davor fürchten, infiziert zu werden. Doch selbst inmitten einer hochansteckenden Corona-Pandemie mit weitreichendem Kontaktverbot haben Menschen Wege und Möglichkeiten gefunden, wie man sich – wenn auch unter Berücksichtigung vieler Auflagen – digital begegnen kann, sich um Risikogruppen kümmern oder Menschen auf neuen Wegen helfen kann.

Worum es vor allem geht, sind unser „Aber" und unsere Unsicherheit, die uns daran hindern, den Krankenbesuch tatsächlich zu machen, beiseitezuschieben. Jemanden zu besuchen, der nur noch wenige Wochen oder Tage zu leben hat, ist nicht einfach. Auch der Besuch einer an Demenz erkrankten Person ist kein Selbstläufer. Und doch vermitteln solche Besuche: Ich sehe dich, du bist mir viel wert, ich nehme mir Zeit für dich.

Die Sorge um die Kranken ist schon zu Beginn der Kirche zu ihrem Markenzeichen geworden.

Die Sorge um die Kranken ist schon zu Beginn der Kirche zu ihrem Markenzeichen geworden. Philip Yancey berichtet in seinem Buch „Warum ich heute noch glaube" davon, dass in den 1960er-Jahren in Indien, wo weniger als drei Prozent der Bevölkerung Christen waren, fast ein Fünftel aller medizinischen Arbeit von christlichen Ärzten oder Pflegepersonal geleistet wurde. Yancey schreibt, dass wenn man gegenüber einem indischen Bauern heute das Wort „Christ" erwähnt, es durchaus passieren kann, dass ihm als Erstes das Bild von einem Krankenhaus oder einem Sanitätsfahrzeug in den Sinn kommt.

Auch hierzulande ist dieses Engagement der Kirchen vielerorts sichtbar. In Deutschland gibt es 550 Krankenhäuser, die in evangelischer oder katholischer Trägerschaft sind – das ist jedes vierte Krankenhaus in Deutschland.

Ernsthaft erkrankt zu sein, ist nicht leicht. Damit allein gelassen zu werden noch viel weniger. Immer wieder gibt es Männer und Frauen, die davon berichten, dass sie während einer längeren Krankheitsphase niemand aus der Gemeinde, der Firma, ihrer Schule oder der Verwandtschaft besucht hat. Wie wäre es, wenn Sie den Kranken oder die Kranke, der bzw. die Ihnen jetzt in den Sinn kommt, einfach mit einem Besuch überraschen?

Kapitel 19

Gestrandet auf einer Insel:

„Ihr habt mich aufgenommen"

Oliven- und Obstplantagen erstrecken sich über die hügelige Landschaft. Unterbrochen von mediterranen Kiefernwäldern. Das Berg- und Hügelland der Insel wird immer wieder von sanften Ebenen unterbrochen. Ihre größte liegt am Golf von Gera. An verschiedenen Stellen ihrer Küste sind unbewohnte Inselchen vorgelagert. Die Rede ist von der griechischen Insel Lesbos.

Auf Lesbos leben 86.000 Einwohner – plus 13.000 bis 20.000 Flüchtlinge. Nähert man sich ihrem Lager, dann weht einem mit jedem Windhauch der widerliche Gestank der Dixi-Klos entgegen, berichtet Andrea Wegener auf ihrem Blog, die als Mitarbeiterin der Hilfsorganisation GAIN seit 2018 ganz dicht dran ist am Geschehen in Moria.[55]

Im September 2013 errichtete man auf Lesbos bei dem Ort Moria ein Lager für etwa 100 Personen. Es sollte als Screening-Center und Abschiebehaftgefängnis dienen. In unmittelbarer Nähe dazu wurde auf einer ehemaligen griechischen Militärbasis eine größere Erstaufnahmestation eingerichtet. Ende 2014 waren die Umbaumaßnahmen für das für rund 400 Personen geplante Lager abgeschlossen. Bedingt durch die Flüchtlingskrise im Jahr 2015 platzte das Lager bald aus allen Nähten und wurde weiter ausgebaut. Doch auch die deutlich vergrößerte Kapazität, 2.800 Personen zu beherbergen, war schnell viel zu klein.

In ihrem ersten Blogeintrag vom 2. September 2018 berichtet Andrea Wegener davon, wie einige Polizisten und Frontex-Mitarbeiter rufen: „Der Bus kommt!" Anschließend sah sie die Menschen aus dem Bus steigen: „...verwirrte, erschöpfte Gestalten aus dem Kongo, Afghanistan, Sierra Leone und Syrien, dem Irak und Nigeria, die mit einem Boot die paar Kilometer zwischen der Türkei und Lesbos zurückgelegt haben, ohne von der türkischen Küstenwache aufgegriffen zu werden. Das Elend der ganzen Welt: Es findet sich als Substrat in diesem Menschenhäuflein neben einem griechischen Reisebus."

Andrea Wegener hat weder Entwicklungszusammenarbeit studiert noch zuvor als Entwicklungshelferin gearbeitet. Die gebürtige Westerwälderin studierte in Leipzig und Halle Germanistik und leitete ab 2007 die Öffentlichkeitsarbeit bei *Campus für Christus.*

Menschenunwürdige Zustände, verheerende Verhältnisse, traumatisierte Menschen aus aller Welt – und all das auf engstem Raum. Das Camp in Moria erlangte dadurch traurige Berühmtheit. Doch auch Andrea Wegeners Aufmerksamkeit. Genau dorthin, so hatte sie den Eindruck, schickt Gott sie. Und so wurde sie 2018 an GAIN als Partner in der humanitären Hilfe „ausgeliehen" und hat seit Herbst 2019 vor Ort die operative Leitung bei *Euro-Relief* inne. Sie organisiert die Lagerung und Verteilung der Hilfsgüter, erklärt mit Händen und Füßen, wie Vater, Mutter, vier Kinder, eine Oma, eine Tante und ein Onkel, die verständlicherweise zusammenwohnen möchten, sich mit zwölf Quadratmetern arrangieren müssen und kümmert sich um mangelhafte Elektrik und fehlende sanitäre Anlagen. Und immer wieder hat sie den Eindruck, dass all die Hilfe nicht ausreicht: „Ich habe manchmal den Eindruck, dass man gerade genug tut, um Todesfälle oder Aufstände zu vermeiden – und damit die Diskussionen und

Forderungen nach Schließung des Camps, die in den Medien zweifellos wieder aufflammen würden." Durch ihren und den Einsatz ihres Teams konnte immer wieder das Camp so konsolidiert werden, dass die meisten Menschen im „echten" Camp in Containern, Life Sheltern aus Aluminium und großen Familienzelten untergebracht werden konnten.

Im März 2020 jedoch war es vorbei mit dem organisiert geordneten Chaos. Zeitweilig lebten über 20.000 Menschen im größten Flüchtlingslager Europas. Im Laufe der Monate reduzierte sich die Zahl auf 13.000 Menschen, doch dann brach Anfang September 2020 ein Feuer im Camp aus und zerstörte es fast vollständig.

„Was jetzt passiert ist, hat uns nicht wirklich überrascht", sagte Andrea Wegener anlässlich des Brandes in einem Interview mit dem *Deutschlandfunk*.[56] Dass eine Katastrophe passieren würde, sei abzusehen gewesen. Zwischen 60 und 70 ethnische Gruppen mussten im Camp zusammenleben. Der coronabedingte Lockdown verstärkte die Spannungen. Das war „wie in einem Schnellkochtopf, in dem eben alles noch krasser verstärkt wird".

Nach dem Brand, den Andrea Wegener aufgrund eines Urlaubs in Deutschland nicht im Camp miterlebt hat, leisteten ihre Kollegen und Kolleginnen dann die wichtige erste Notversorgung.

Gottes Sorge um Vertriebene

Fremde aufzunehmen, wie Jesus es gefordert hat – der Einsatz von Andrea Wegener und *Euro Relief* sowie vieler anderer Hilfsorganisationen in der Flüchtlingsarbeit hat damit etwas zu tun. In vielen Kulturen ist Gastfreundschaft seit der Antike ein heiliges Gut. Und das Volk Israel, das anderen Nationen stets als Beispiel dienen sollte, hatte von Gott mehrfach den Auftrag bekommen:

„Unterdrückt nicht die Fremden, die bei euch im Land leben, sondern behandelt sie genau wie euresgleichen. Jeder von euch soll seinen fremden Mitbürger lieben wie sich selbst. Denkt daran, dass auch ihr in Ägypten Fremde gewesen seid. Ich bin der Herr, euer Gott" (3. Mose 19,34; GN)!

Gottes Sorge um die Fremden und Vertriebenen oder Flüchtlinge ist darin begründet, dass er der liebevolle Vater aller Menschen und Völker ist:

„Denn der Herr, euer Gott, ist größer als alle Götter und mächtiger als alle Herrscher! Er ist der große und starke Gott, den man fürchten muss. Er ist gerecht und unbestechlich. Den Waisen und Witwen verhilft er zu ihrem Recht. Er liebt die Ausländer und gibt ihnen Nahrung und Kleidung" (5. Mose 10,17+18).

Haben wir Christen im sogenannten „christlichen Abendland" vielleicht mitunter vergessen, dass Gott in seiner Barmherzigkeit ein Herz für die Menschen hat, die ihre Heimat verloren haben? Einige prominente Flüchtlinge in der Bibel belegen das:

Abraham, der wohl einer der bekanntesten Migranten der Bibel ist, verlässt aufgrund einer göttlichen Weisung seine Heimat und zieht in ein fremdes Land. Von dort muss er wegen einer Hungersnot zeitweise nach Ägypten fliehen. War Abraham der erste Wirtschaftsflüchtling?

Das Volk Israel flieht unter der Führung von Moses vor der unmenschlichen und zerstörerischen Knechtschaft des Pharaos aus Ägypten.

David, der spätere König Israels, muss vor König Saul nach Gat fliehen.

Selbst *Jesus* musste flüchten. Gott ist in Jesus zum Flüchtling geworden. Als Jesus noch ein Kleinkind war, flohen seine Eltern nach Ägypten, um Schutz und Zuflucht zu finden.

Fremde aufnehmen

Papst Franziskus hatte im April 2016, auf dem Höhepunkt der Fluchtwelle aus Syrien über die Türkei und Griechenland, das Flüchtlingslager Moria besucht. Berührt von der Not der Menschen entschloss er sich spontan, von dort drei muslimische Familien aus Syrien in seinem Flugzeug mit nach Rom zu nehmen. Damit führte er für das Gros der Flüchtlinge keine konkrete Änderung ihrer Situation herbei, aber Gottes Wesenszug barmherzig zu sein, wurde zu seinem. Er wurde selbst aktiv und setzte mit seiner eher symbolischen Tat ein deutliches Zeichen für Solidarität mit den Flüchtlingen und den Einwohnern von Lesbos.

Gott ist in Jesus zum Flüchtling geworden.

Ähnlich wie Papst Franziskus betont auch die Evangelische Kirche in Deutschland: „Weltweit sind Millionen Menschen auf der Flucht. Viele riskieren dabei ihr Leben, um Verfolgung zu entgehen und auf der Suche nach besseren Lebensbedingungen für sich und ihre Familien. Diese Menschen brauchen unsere Hilfe: in Seenot, in Flüchtlingslagern, bei der Integration in unserer Nachbarschaft". Das EKD-Rettungsschiff „Sea-Watch 4" ist ebenso ein Symbol der Solidarität, aber gleichzeitig auch eine ungeheure Provokation gegen die aktuelle Flüchtlingspolitik Deutschlands und der Europäischen Union.

Unter dem Radar der öffentlichen Diskussion über das Für und Wider solcher Einsätze leitet Andrea Wegener mit ihrem Team tagein tagaus konkrete Hilfe unter den Flüchtlingen. Im

Herbst 2018, an einem ihrer ersten Abende auf Lesbos, saß sie bei einem leckeren griechischen Essen und fragte sich: „Hier bin ich mit meinem Reichtum und all meinen Vorrechten, bloß weil ich zufällig in Deutschland geboren bin. Und wenige Kilometer von hier sitzen Menschen im Dreck, die eh schon alles zurückgelassen und für die Zukunft keine echte Perspektive haben. Ist dir das egal? Hast du die weniger lieb als mich, Gott? Nein, ich bringe diese völlig verschiedenen Welten nicht zusammen!"[57] Und dann wird ihr bewusst, dass „Gott diese beiden Welten schon längst zusammengebracht hat: Meine Kollegen und ich sind die Verbindungsstücke. Die Männer, Frauen und Kinder in Moria sind nicht ganz allein gelassen. Und wir – wir haben all unsere Privilegien auch nicht für uns allein bekommen, sondern um mit offenen Händen und Herzen auf die Menschen in Moria zuzugehen."

Erfüllen wir die Forderung Jesu nach Gastfreundschaft heute ausreichend? Ich finde, wir müssen uns als Privatpersonen, als Gemeinden und als christlich geprägtes Land diese Frage stellen. Einfache Antworten oder gar Lösungen gibt es nicht. Ja, es gibt Grenzen der Aufnahmekapazität einer Gesellschaft für Fremde, aber noch gibt es viel Solidarität mit den Gestrandeten auf Lesbos. Zehn deutsche Städte hatten nach dem Brand signalisiert, Flüchtlinge aus Moria aufzunehmen.

> Erfüllen wir die Forderung Jesu nach Gastfreundschaft heute ausreichend?

Das Wort Jesu *„Ich war ein Fremder bei euch, und ihr habt mich aufgenommen"* scheint eine ständige Herausforderung zu sein, die wir nicht gedankenverloren beiseiteschieben dürfen. Damit das nicht passiert, ist es gut, wenn wir immer wieder hinschauen und die Politiker stärken, die sich für die Aufnahme von Flüchtlingen starkmachen.

Ebenso vielschichtig und diskussionswürdig ist der nächste Aspekt der Gerichtsrede Jesu, in dem es um Kleidung geht.

Kapitel 20

Kleider machen Leute:

„Ihr habt mir Kleidung gegeben"

Menschen, die in Deutschland leben, haben meist genug zum Anziehen. Nackt oder nur mit Lumpen bekleidet rennt hier so gut wie niemand rum. Es ist vielmehr umgekehrt. Wir kaufen uns Klamotten, die wir manchmal gar nicht erst tragen. Nach Angaben von Greenpeace kommen jedes Jahr 60 neue Teile dazu. Insgesamt seien das 5,2 Milliarden Textilien – allein in Deutschland. Der Grund für ein solches Verhalten ist das Phänomen „Fast Fashion". Viele Menschen kaufen viel zu viel Kleidung, weil Kleidung so günstig geworden ist. Nach zwei- oder dreimal Anziehen werden die Stücke oft nicht mehr getragen. Und so stapeln sich im Kleiderschrank Hosen, T-Shirts und Pullover. Laut Greenpeace besitzt jeder Erwachsene in Deutschland im Schnitt 95 Kleidungsstücke – Unterwäsche nicht mitgerechnet.

Ein Darben hinsichtlich Kleidung, so wie Jesus es formuliert *„Ich hatte nichts anzuziehen, und ihr habt mir Kleidung gegeben"*, kommt folglich in Deutschland wohl nicht vor. Es gibt viele Kleiderkammern der Caritas, der Diakonie oder des Roten Kreuzes, wo Menschen vorbeikommen, die finanziell knapp bei Kasse sind oder sehr auf Nachhaltigkeit Wert legen, und sich dort mit Kleidung versorgen. Das Prinzip kennt wohl jeder: Andere haben zuvor etwas von ihrer abgetragenen, nicht mehr zeitgemäßen oder zu klein gewordenen Kleidung abgegeben, für die es in der Kammer neue Abnehmer gibt. Einzelne geben auch gezielt ein schönes Kleidungsstück ab, um bekannten oder unbekannten Mitmenschen eine Freude zu machen. Die Geschichte vom heiligen Sankt Martin, der seinen Mantel mit einem Bettler teilt, ist wohl die bekannteste Story eines Mannes, der ein Kleidungsstück hergegeben hat. Vielleicht trennen Sie sich ja auch von einer Ihrer Jacken, weil sie die Sammlung im Schrank reduzieren oder bewusst einfacher leben wollen.

Kleider machen Leute

Im übertragenen Sinne fühlen sich manche Menschen mitunter nackt, weil sie nicht die angesagten Markenklamotten tragen und ihr Selbstwertgefühl sich unbekleidet vorkommt. Das geht insbesondere Kindern so, die sich nicht in ihre Klasse trauen, wenn sie No-Name-Produkte tragen. Eine Welt nach dem Motto: Kleider machen Leute.

Wie entspannt war es da doch noch im Paradies. Von den ersten Menschen wird erzählt, dass sie nackt waren. Alles war gut. Ihr Selbstwertgefühl war weder von Nobelmarken abhängig noch stellte Nacktheit ein Problem für sie dar.

Extravagante Kleidung ist nicht nur heute für viele von Bedeutung. Schon zu biblischer Zeit wird sie stellenweise erwähnt. Im Gleichnis von den beiden Söhnen, lässt der Vater dem heimgekehrten, nachdem er ihn umarmt hat, wertvolle Festtagskleidung bringen. Als ein Zeichen dafür, dass er wieder die Stellung als Sohn erhält.

Wie eine Person vom Auftreten her wirkt, hängt auch von ihrer Kleidung ab. Würde der Chef einer größeren Firma in abgewetzten Jeans und T-Shirt die Verträge aushandeln, wären seine Vertragspartner sicher erst einmal irritiert. Ebenso irritiert wäre die Gemeinde, wenn der Priester nicht wie gewohnt im Talar, sondern in Jogginghose und Fußballshirt die Messe lesen würde.

In der Geschichte „Kleider machen Leute" erzählt der deutsche Schriftsteller Gottfried Keller von einem mittellosen Azubi des Schneiderhandwerks, der wegen seiner exklusiven Kleidung für einen Grafen gehalten wird. Der Azubi nutzt die Situation so lange aus, bis die Täuschung auffliegt. Meist beurteilen wir andere Menschen zuallererst nach ihrer Kleidung. Darum hat Mode einen so hohen Stellenwert bei Konsumenten in Deutschland, dass laut dem Statistischen Bundesamt für Schuhe und Bekleidung jährlich rund 78 Milliarden Euro ausgegeben werden.[58]

Primark, H&M, Zara – so könnte eine normale „Shoppingtour" von Jugendlichen aussehen. Betty Barclay, Hugo Boss, s.Oliver wären die Marken bei Erwachsenen. Doch all diese Marken stehen nur eingeschränkt für Nachhaltigkeit und Fairtrade. Die wenigsten Konsumenten kaufen fair gehandelte Bekleidung – obwohl wir es eigentlich mittlerweile besser wissen sollten, unter welchen Bedingungen Billigkleidung produziert wird. Wir wissen um die schlechten Arbeitsbedingungen in asiatischen Großfabriken und tragen diese Kleidung trotzdem. Warum? Weil wir Profis im Verdrängen sind oder im Endeffekt doch das Schnäppchen zieht oder das Portemonnaie die Kaufentscheidung trifft.

Billige Kleidung unter billigen Bedingungen

Reshma Begum überlebte im April 2013 den Einsturz der großen Textilfabrik Rana Plaza in Bangladesch. Im Krankenhaus erzählte die 19-Jährige von dem Unglück: „Plötzlich stürzte das Gebäude in sich zusammen. Und etwas fiel mir auf den Kopf und ich fiel auf den Boden. Nach einiger Zeit kam ich wieder zu mir und ich hörte die anderen rufen: Reshma, Reshma gib uns Wasser. Aber ich konnte nur antworten:

Woher soll ich denn Wasser nehmen? Es war stockdunkel, ich konnte nichts sehen. Da war ein Mann neben mir, der sagte: Schwester rette mich. Und ich sagte: Wie kann ich dich retten, ich sterbe doch auch!" Aber Reshma überlebte. Nach 17 langen Tagen fanden die Bergungstrupps sie in einem Hohlraum im Keller des eingestürzten Gebäudes. Sie hatte sich in dieser Zeit von Regenwasser und Essensresten ernähren können. 1127 Beschäftigte der Textilfabrik kamen bei dem Unglück ums Leben.

Die meisten werden sich sicherlich an diesen aufsehenerregenden und bisher größten Unfall in der internationalen Textilindustrie erinnern: Am Morgen des 24. April 2013 stürzte in einem Vorort von Dhaka der achtstöckige Fabrikkomplex Rana Plaza ein und begrub Tausende Männer und Frauen unter sich. Schon am Tag vor dem Unglück entdeckte man Risse in dem Gebäude. Doch die Hinweise der Mitarbeiter wurden nicht gehört. Vielmehr wurden die Angestellten dazu gezwungen, ihre Arbeit fortzusetzen. Die Nähfabrikanten nahmen nicht nur in Kauf, dass viele Menschen unter lebensgefährlichen Bedingungen arbeiteten, sondern auch dass viele Menschen ihr Leben verloren.

Nach dem Einsturz standen plötzlich Hunderte Familien vor dem finanziellen Abgrund, da die verunglückten Näherinnen oft Alleinverdienerinnen waren. In dieser Fabrik wurde hauptsächlich Kleidung für den Export produziert, unter anderem für Modefirmen wie Primark, Benetton, C&A oder KiK. Zwar wurden die Sicherheitsstandards in Bangladesch nach diesem Unglück erhöht, doch der internationale Preiskampf in der Modebranche verhindert eine globale Verbesserung.

Damit wir in Deutschland preiswerte bzw. billige Pullover, T-Shirts oder Hosen kaufen können, müssen in den Produktionsländern häufig Menschen unter miserablen Arbeitsbedingungen schuften. Davon profitieren meist die Auftraggeber aus den westlichen Industrienationen. Die Ausgebeuteten haben das Nachsehen.

Verantwortung für die mitunter gesundheitsgefährdenden Arbeitsbedingungen im Ausland zu übernehmen, lehnen Firmen wie das deutsche Textilunternehmen KiK ab, schreibt die Initiative Lieferkettengesetze. Sie ist ein Zusammenschluss zahlreicher Organisationen, die ein gemeinsames Ziel haben: Wir treten ein für eine Welt, in der Unternehmen Menschenrechte achten und Umweltzerstörung vermeiden – auch im Ausland.

Ein Lieferkettengesetz in Deutschland würde dafür sorgen, dass die produzierenden Unternehmen Verantwortung übernehmen. Die Beschäftigten könnten dann auf die Haftung der Unternehmen pochen – ein wichtiger Schritt hin zu fairen Arbeitsbedingungen überall auf der Welt.

Ein nächster Schritt wären faire Löhne. Textilsiegel wie *Global Organic Textile Standard* (GOTS), *Fairtrade certified cotton* oder insbesondere das der *Fair Wear Foundation* helfen dem Verbraucher, diese fair produzierte Kleidung zu erkennen.

Die Nacktheit bedecken

Menschen, die in solchen Nähereibetrieben arbeiten, die unsere Hosen und T-Shirts herstellen, zählen zu den Armen der Welt. Sie haben oft nur die Kleidung, die sie am Leib tragen, und was sie in der Kleiderfabrik verdienen, reicht gerade für die Miete für ihre Hütte und das Essen – manchmal aber eben nicht mehr, um die Schuluniformen und die Materialien für die Kinder zu kaufen. Selten können sie von ihrem Verdienst etwas zur Seite legen.

Die Armen sind in allen Gesellschaften die Nackten. Armen Menschen ist es unmöglich, am „normalen" Leben teilzunehmen. In Ländern des Globalen Südens bedeutet das, dass sie ihren Kindern oft nicht den Zugang zu Bildung ermöglichen können. Krankenversicherung ist für sie ein Fremdwort und sie haben oft niemanden, der für ihre Rechte eintritt. Sie können ihr Leben einfach nicht frei gestalten.

Die Armen sind in allen Gesellschaften die Nackten.

Ebenso können auch die Armen im Globalen Norden sich nicht mit Freunden im Café treffen. Die Zugfahrkarte ist zu teuer, um die Verwandtschaft zu besuchen. Im Einkaufswagen landen nur die günstigsten Lebensmittel. Auf einen Konzertbesuch oder eine Stippvisite auf dem Dorffest muss verzichtet werden, da man sich weder das Bier, die Wurst noch die Eintrittskarte leisten kann.

Arme werden schnell bloßgestellt, darum wird Armut insbesondere in Deutschland so lange wie möglich vertuscht. Doch es wäre gut, die Nacktheit dieser Menschen zu bedecken. Statt über die Nacktheit unserer Mitmenschen zu reden, sollten wir sie barmherzig zudecken. Im globalen Kontext könnte dies den bewussten Kauf von fair gehandelten Kleidungstücken bedeuten. Auch könnte die Unterzeichnung der Petition zum Lieferkettengesetz eine aktuelle Interpretation

Statt über die Nacktheit unserer Mitmenschen zu reden, sollten wir sie barmherzig zudecken.

des *„ihr habt mir Kleidung gegeben"* sein. Ebenso wie das Verschenken von guter Kindermarkenmode an Familien, die sich solche Sachen nicht leisten können.

Ist Ihnen das zu quer gedacht, dann wird Ihnen das letzte Werk der Barmherzigkeit deutlich geradliniger erscheinen ...

Kapitel 21

Wasser ist Leben:

„Ihr habt mir zu trinken gegeben"

Wasser ist Leben. Denn ohne Wasser ist kein Leben möglich. So verwundert es nicht, dass Wasser ein zentrales Thema in der Bibel ist. Schon im zweiten Vers der Bibel ist von Wasser die Rede: *„Finsternis herrschte, aber über dem Wasser schwebte der Geist Gottes"* (1. Mose 1,2). Und auch im letzten Kapitel der Bibel, im Buch der Offenbarung, ist von Wasser die Rede: *„Nun zeigte mir der Engel den Fluss, in dem das Wasser des Lebens fließt. Er entspringt am Thron Gottes und des Lammes, und sein Wasser ist so klar wie Kristall"* (Offenbarung 22,1). Dieser Bogen vom Anfang bis zum Ende, der sich in der Bibel im Hinblick auf Wasser widerspiegelt, zeigt sich ja auch in unserem Leben.

Wäre es nicht großartig, wenn es in der Nähe einen Brunnen gäbe, aus dem Leben sprudelt? Jeden Morgen könnte man dort hinlaufen, einen Schluck nehmen und mit vollem Elan an den Tag gehen. Und abends, erschöpft nach den Anforderungen des Tages, sich noch einen kleinen Schluck genehmigen ...

Viele Menschen weltweit wären glücklich, bei dem Gedanken eines Brunnens in der Nähe ihrer Behausung. Vier Milliarden Menschen leiden derzeit schon unter Wasserknappheit. Rund 900 Millionen Menschen haben überhaupt keinen Zugang zu sauberem Trinkwasser. Sie müssen sich aus Bächen, Tümpeln oder Flüssen versorgen. Und aufgrund von Wassermangel oder an den Folgen von Cholera sterben jährlich 2 Millionen Menschen.

Mehr als ein Traum

Sauberes Trinkwasser direkt neben sich zu haben, oft keine zehn Meter entfernt, ist für uns in westlichen Ländern ein Privileg, für die meisten Erdenbürger aber leider nur ein Traum. Damit es nicht beim Träumen bleibt, hat die *Ebenezer Methodist Church* in Ghana nach Wegen gesucht, den Dorfbewohnern zu helfen. Sie fragten sich: Könnten die vielen Erkrankungen durch unsauberes Trinkwasser künftig Vergangenheit sein?

Ekwamkrom ist ein Ort, dessen Einwohner hauptsächlich in der Landwirtschaft arbeiten. Der nahe Akora-Fluss versorgt die Menschen mit dem Wasser, das sie zum Bewässern der Felder so dringend brauchen. Auch die Häuser sind an das örtliche Trinkwassernetz angeschlossen; doch dass aus den Hähnen auch Wasser kommt, darauf ist kein Verlass.

„Wir haben Leitungswasser hier in Ekwamkrom, doch es reicht nie aus", sagt Samuel Bossman Mensah, der Koordinator der örtlichen *Compassion*-Partnergemeinde. „Manchmal bleibt es für viele Tage aus. Also nehmen wir dann Wasser aus dem Akora-Fluss. Wir trinken es, waschen Kleidung damit, baden darin und kochen selbst unser Essen damit."

Im Kinderzentrum der Methodist Church werden die Kinder regelmäßig medizinisch untersucht: Von den 200 Jungen und Mädchen, die das Kinderzentrum damals besuchten, litten 96 an Bilharziose – einer parasitären Erkrankung, die durch Würmer aus verschmutztem Wasser übertragen wird. Die kranken Kinder wurden behandelt, doch sie infizierten sich erneut. Untersuchungen ergaben, dass der Akora-Fluss die Quelle der Infektion war.

Die Mitarbeitenden der Gemeinde reagierten auf die Neuigkeit, indem sie die Eltern der Kinder über die Gefahr aus dem Fluss aufklärten und darin unterwiesen, was sie tun konnten, wenn sie auf sein Wasser angewiesen waren. „Die Bewohner Ekwamkroms hatten nicht gewusst, dass der Fluss die Ursache für die Erkrankungen war", berichtete Vera Mensah-Bediako von *Compassion* Ghana. Die Hygiene-Schulungen halfen zunächst ein wenig, doch es kam immer wieder zu Fällen von Bilharziose unter den Kindern.

Etwas anderes musste her, um sie und ihre Familien zu schützen: Wasserfilter. Und so erhielten eines Tages mehr als 250 Familien Wasserfilter, deren Membranen in wenigen Sekunden verunreinigtes Wasser in sauberes Trinkwasser verwandelten. Die Veränderungen, die die Filter in Ekwamkrom bewirkten, sprachen sich daraufhin herum. Die Folge: Auch aus anderen Dörfern kamen die Leute, um sich darüber zu informieren.

Ströme lebendigen Wassers

Ich denke, so etwas in der Art meint Jesus, wenn er sagt: *„Als ich Durst hatte, bekam ich von euch etwas zu trinken."* Jemandem, der auf der Durchreise war, Wasser zu geben, war zur Zeit Jesu selbstverständlich. Die Versorgung mit Brot und Wasser war ein übliches Zeichen der Gastfreundschaft. Bei uns ist es eher unwahrscheinlich, dass jemand an unserer Haustür klingelt und um Wasser bittet. Und falls es doch geschieht, dann reagieren wir erst einmal zurückhaltend skeptisch.

Trifft also für uns eher die metaphorische Bedeutung der Worte Jesu zu? Durst als ein Bild zu verstehen für die Sehnsucht tief innen in uns – so wie bei der Samariterin am Jakobsbrunnen (Johannes 4,1-42), wo es auch um Durst, Trinkwasser, lebendige Quellen und den Durst nach Liebe und Leben geht.

Jesus will unseren wahren Durst nach einem erfüllten Leben stillen. Er will uns seine Liebe schenken und unseren leeren Krug so sehr damit anfüllen, dass dieser überläuft. Denn immerhin ist Jesus der, von dem Ströme lebendigen Wassers fließen (vgl. Johannes 7,37). Ebenso klar ist, dass wir als Menschen damit überfordert wären, anderen ihren Durst nach Liebe zu erfüllen.

Jesus will unseren wahren Durst nach einem erfüllten Leben stillen.

Aber wir können Menschen den Weg zum echten Wasser des Lebens zeigen und ihnen im übertragenen Sinn zu trinken reichen. Das käme dann doch der Aufforderung Jesu, etwas zu trinken zu bekommen, ganz praktisch nach.

Ressource Wasser

Weltweit werden etwa 70 Prozent des Wassers für die Landwirtschaft verbraucht. Bis 2050 soll der Bedarf der Landwirtschaft um weitere 19 % steigen.[59] Dass Pflanzen oder Tiere Wasser brauchen – logisch. Aber egal, was wir essen oder trinken: Kein Produkt kommt ohne Wasser aus. Der Anbau von einem Kilogramm Tomaten verbraucht in Deutschland 35 Liter Wasser. Wegen des trockeneren Klimas werden in Spanien rund 83 Liter benötigt. Dafür benötigen im Winter die beheizten Gewächshäuser in Deutschland mehr Energie, was eine schlechtere CO_2-Bilanz bedeutet.[60]

Für 1 Kilogramm Rindfleisch werden global gesehen über 15.000 Liter Wasser benötigt.[61] „Nicht der Durst der Tiere ist die Ursache des hohen Wasserbedarfs, sondern ihre Ernährung, denn das meiste Wasser in der Tierhaltung fließt in den Anbau der Futtermittel."[62]

Für 1 Kilogramm Rindfleisch werden global gesehen über 15.000 Liter Wasser benötigt.

Viel Rindfleisch kommt dabei aus der Intensivhaltung, wo Mais,

193

Soja und Weizen das Wachstum der Tiere beschleunigen. Jedoch wird beim Anbau dieses Futters viel Wasser benötigt. Tiere aus Weidehaltung dagegen fressen hauptsächlich Gras. Dass die Produktion von Fleisch viel Wasser benötigt, ist den meisten von uns wahrscheinlich bekannt gewesen. Jetzt aber wird es hart für alle Kaffeeliebhaber*innen. Denn war Ihnen klar, dass für ein Kilo Kaffeebohnen 21.000 Liter Wasser aufgewendet werden müssen?[63] Das macht 140 Liter pro Tasse.[64] Für den Anbau und insbesondere für die Waschung wird enorm viel Wasser verbraucht.

Die Erde besteht zu zwei Dritteln aus Wasser, aber davon sind 97 Prozent Salzwasser. Und von den 3 Prozent Süßwasser sind für uns Menschen nur 1 Prozent als Trinkwasser nutzbar. Doch von der wertvollen Ressource Wasser wird viel zu viel für unseren Fleischkonsum eingesetzt. Hinzu kommt, dass das immer wärmer werdende Klima immer mehr Regionen auf unserem Planeten austrocknet. Gleichzeitig rechnet die UNO aktuell mit einem Bevölkerungswachstum von rund 78 Millionen Menschen pro Jahr. Der Trinkwasserbedarf steigt also entsprechend stark an.

In Kenia führt die Trinkwasserknappheit mittlerweile dazu, dass man sauberes Wasser entweder aufbereiten oder kaufen muss, berichtete vor Kurzem die *taz*[65]. Doch nur wenige Kenianer können das bezahlen. Und wenn die Menschen nicht genügend Geld für Chlor haben, um das Wasser trinkbar zu machen, erleiden sie oft Durchfall.

Wasserknappheit lässt den Wert von Wasser rapide ansteigen. Das „blaue Gold" ist mit einem Volumen von 500 Milliarden Dollar pro Jahr der drittgrößte Wirtschaftssektor weltweit nach Rohöl und Elektrizität. Und so ist es wenig verwunderlich, dass Aktien von Unternehmen, die sich mit Trinkwasser, der Reinigung oder Entsalzung beschäftigen, mittlerweile als heiße Investitionstipps gehandelt werden.

Große Lebensmittelkonzerne wie Nestlé kaufen beispielsweise weltweit Wasserrechte von staatlichen Wasserbehörden. Diese erlauben dem jeweiligen Unternehmen, Wasser direkt aus dem Grundwasser abzupumpen. Dieses gereinigte Wasser wird dann unter bekannten Marken von Nestlé als abgefülltes „Tafelwasser" in Plastikflaschen verkauft, berichtet das *Handelsblatt*[66]. „Nestlé Waters" hat 95 Produktionsstandorte in 34 Ländern, selbst in Ländern wie Äthiopien, Südafrika oder Pakistan, wo das Wasser ohnehin schon knapp ist. Der Dokumentarfilm „Bottled Life" von 2012 wirft dem Konzern sogar vor, für die Dürre in einigen Regionen Pakistans verantwortlich zu sein. In dem Film wird berichtet, dass Nestlé für eine Wagenladung voll Wasser 10 Dollar zahlt, die Nestlé dann unter der Marke „Pure Life" für insgesamt 50.000 Dollar im Geschäft verkauft.

Während ich mich mit dem Thema „Wasser" beschäftige, und ich kratze da nur an der Oberfläche, merke ich, dass die Worte Jesu *Als ich Durst hatte, bekam ich von euch etwas zu trinken* eine viel größere Dimension und Bedeutung angenommen haben als das, was die Hörer damals darunter verstanden. Die Worte Jesu haben nichts, absolut gar nichts, von ihrer Wichtigkeit verloren. Sie haben eher an Bedeutung zugenommen.

Was heißt es nun für uns in westlichen Ländern, Wasser zu reichen? Diese Frage scheinen sich auch die Vereinten Nationen gestellt zu haben. Sie haben schon in der 1970er-Jahren ein globales Programm aufgesetzt, das sich der Wasserforschung und -bewirtschaftung widmet. Dabei ist es derzeit das Hauptziel, für eine sichere Wasserversorgung weltweit zu sorgen. Es geht dabei um Grundwasser in einer sich verändernden Umwelt, den Umgang mit Wasserknappheit oder um Wassererziehung als ein Schlüssel zur Wassersicherheit.[67]

Die Weltbevölkerung wächst jährlich um 83 Millionen Menschen.[68] Damit Konflikte um die Nutzung der knappen Ressource Süßwasser vermieden und eine möglichst gerechte Verteilung ermöglicht werden kann, traten 2014 die UN-Wasser-Konventionen in Kraft.[69] Auch unabhängige, nicht staatliche Organisationen wie die *WasserStiftung, Misereor, Compassion, Oxfam* oder *Brot für die Welt* engagieren sich, um Menschen, schwerpunktmäßig im Globalen Süden, den Zugang zu sauberem Wasser zu ermöglichen. Sowohl durch die Unterstützung dieser Organisationen als auch durch einen nachhaltigen Umgang mit Wasser können wir dazu beitragen „Wasser zu reichen".

Neben dem Sparen von Wasser in Bad, Dusche oder Küche könnten wir uns in unseren Gemeinden am 22. März, dem Weltwassertag, einmal mehr ein paar Dinge zum Thema Wasser vor Augen führen. Durch Wasserthemen in Kindergottesdienst oder Teenager-Gruppen könnten wir gemeinsam mit den Kindern Wasser als natürliche Ressource neu wertschätzen lernen, hier und anderswo.

Vielleicht kennen Sie dieses viel zitierte afrikanische Sprichwort: „Viele kleine Leute in vielen kleinen Orten, die viele kleine Dinge tun, können das Gesicht der Welt verändern." In diesem Sinne und mit Gott im Rücken werden hoffentlich alle Menschen erfahren: *„Ich war durstig und ihr habt mir zu trinken gegeben."*

Epilog

„Seid barmherzig,
wie auch euer Vater im Himmel barmherzig ist."

Mit dieser provokanten Aufforderung Jesu, barmherzig zu sein wie Gott, habe ich dieses Buch begonnen und beende es. – Doch nein, wir sind nicht Gott und wir werden auch nicht so handeln können wie er. Das würde uns definitiv heillos überfordern. Es geht vielmehr darum, dem Wesen und Handeln Gottes zu entsprechen. Gott scheint das Thema Barmherzigkeit so wichtig zu sein, dass er extra Mensch wird, um zu zeigen, wie das aussehen kann. Ein wichtiger As-

Habt ein Herz für alle Menschen.

pekt, den Gott uns durch Jesus sagen will, ist: Habt ein Herz für alle Menschen – vor allem für jene, deren Leben unter die Räder gekommen ist. Und Jesus zeigte uns, wie das geht: durch mitfühlende Taten und wertschätzende Worte.

Am liebsten erzählte er Geschichten, um das, was er meinte, zu verdeutlichen. Gleichnisse, die den Menschen eine oft überraschende Antwort gaben. Zum Beispiel die berühmte Geschichte vom sogenannten barmherzigen Samariter – eine Art Kriminalfall:

Ein Mann ist in einer einsamen Berggegend unterwegs. Er wird von Räubern überfallen, zusammengeschlagen und ausgeraubt. Er bleibt schwer verletzt am Straßenrand liegen. Als man den Überfallenen entdeckt, sind die Täter über alle Berge. Nach dem Überfall kommen zwei andere Männer am Tatort vorbei, ohne ihm die geringste Hilfe zu leisten: ein Priester und ein Levit, die es eigentlich besser wissen müssten.

Ein echter Krimi würde jetzt erst richtig anfangen: Die Suche nach den Tätern beginnt. Aber Jesus interessiert sich nicht weiter für die Täter. Ihn interessiert nur das Opfer, der Mensch, der den Räubern zum Opfer gefallen ist. Und zum Held der Geschichte wird nicht der/die Kommissar*in, sondern die Person, die sozusagen im „Vorbeigehen" Mitgefühl zeigt. Dieser barmherzige Samariter wird zu einem Star, den selbst heute noch jedes Kind kennt.

Was will Gott uns durch dieses Gleichnis sagen?

Barmherzig zu handeln scheint für Christen*innen kein „Extra" zu sein, das man gegebenenfalls auch bleiben lassen kann, sondern es gehört neben der Gottesliebe zum zentralen Kern des Glaubens.

Wenn für Gott Barmherzigkeit eine solch gewichtige Bedeutung hat, dann darf sich, finde ich, weder das Wort und auf gar keinen Fall die Haltung so klammheimlich verabschieden. Wir brauchen das Wort und ebenso ein gemeinschaftliches Zusammenleben, das von Mitgefühl durchdrungen ist. Beides wieder mehr zu entdecken, tut uns und unserer Gesellschaft gut.

Barmherzig zu handeln gehört neben der Gottesliebe zum zentralen Kern des Glaubens.

Ich befürchte allerdings, dass sich die eine oder der andere nun ein wenig demotiviert und überfordert fühlt angesichts der vielen großartigen Vorbilder barmherzig handelnder Männer wie Frauen sowie der deutlichen Aufforderung Jesu, die sich in der Geschichte vom barmherzigen Samariter konzentriert. Ich kann das gut nachvollziehen, mir ging es an einigen Stellen beim Schreiben des Buches ähnlich.

Ich kann mir gut vorstellen, wie sich bei vielen ein ungutes Gefühl breitmacht ... Sie finden Krankenbesuche zwar gut und wichtig, doch sie haben ja jetzt schon kaum Zeit, um ihre Freunde oder Verwandten zum Geburtstag anzurufen. Eine kurze Messenger-Nachricht, angereichert mit ein paar Emojis, muss oft reichen. Grundsätzlich sind sie bereit, barmherziger mit sich selbst umzugehen – doch sie wissen, dass die alten Selbstanklagen tiefe Wurzeln haben. Mal in einem Gefängnisgottesdienst mitzuarbeiten, reizt sie, doch leider schaffen sie es ja kaum, sich in der eigenen Gemeinde zu engagieren ...

Wissen Sie, die Botschaft im Gleichnis vom barmherzigen Samariter beginnt nicht erst, als dieser dem Notleidenden hilft, indem er Öl und Wein auf seine Wunden gießt. Nein, sie richtet sich mit den Worten *als er ihn sah, jammerte es ihn und er ging zu ihm"* (Lukas 10,33; LU) an uns. Während andere vorbeigingen, ließ sich der Samariter berühren. Der *arme* Mensch dort am Boden berührte sein *Herz*.

Barmherzigkeit, so habe ich zu Beginn des Buches geschrieben, ist Gottes Bauchgefühl. Dieses Bauchgefühl Gottes ist übertragbar. Gott möchte uns die Augen neu öffnen, damit wir die Welt und die Menschen mit

Barmherzigkeit ist Gottes Bauchgefühl.

seinen Augen sehen. Er möchte unser Herz öffnen für die Situationen der Menschen um uns herum. Mit diesem Veränderungsprozess lässt er uns nicht allein. Der Heilige Geist berührt uns mit Gottes Barmherzigkeit. Damit wir immer mehr das empfinden, was auch Gott empfindet. Damit wir mehr und mehr das tun, was auch Jesus getan hätte.

Gott hat uns unseren eigenen Willen und unsere eigenen Talente und Begabungen gegeben. Er hat jeder wie jedem unterschiedliches Können und Möglichkeiten geschenkt, ein Leben mit mehr Barmherzigkeit zu führen. Mal mit mehr Zeit für Barmherzigkeit, mal mit weniger Raum für Barmherzigkeit.

Vertrauen Sie Ihrem Bauchgefühl und machen Sie es einfach wie der barmherzige Samariter! Lassen Sie sich ganz unspektakulär im Alltag berühren. Zeigen Sie Mitgefühl, indem Sie ...

- angeregt von einer TV-Spendengala spontan Geld überweisen.
- Spendenbriefe vor Weihnachten nicht ungeöffnet in den Papierkorb werfen, sondern sich von der Situation der Menschen berühren lassen und ihre Not zu Ihrem Gebetsanliegen machen.
- spontan jemandem Nachbarschaftshilfe leisten.
- sich bewusst für Klimaschutz einsetzen und immer öfter mit dem Rad fahren, denn gerade die Armen im Globalen Süden leiden am meisten unter den Folgen des klimatischen Wandels.
- anderen nicht direkt widersprechen, sondern ihre Meinung einfach mal stehen lassen. Das kostet nichts – außer ein wenig Überwindung.
- durch den Kauf von fair gehandelten Produkten einen anständigen Stundenlohn ermöglichen.
- eine grundsätzliche Bereitschaft zeigen, sich mit anderen zu versöhnen.
- aufhören, abfällig über Menschen zu denken, deren Leben durch selbstverschuldete Entscheidungen in den Dreck gefahren wurde.
- sich einen schönen Abend machen, obwohl der Tag nicht so erfolgreich war.
- ein Kind im Globalen Süden fördern, indem Sie eine Patenschaft übernehmen.
- sich in einem Gespräch mit einem lokalen Abgeordneten für mehr bezahlbare behindertengerechte Wohnungen engagieren.
- sich in ihrer Kirche für Themen wie Armut, Religionsfreiheit und Versöhnung einsetzen.
- die Bundestagsabgeordneten ihrer Region nicht verbal fertigmachen, sondern ihnen für ihren Einsatz in der Gesellschaft danken – auch wenn sie nicht deren Meinung sind.

Das sind einige Beispiele dafür, wie mehr Barmherzigkeit geschehen könnte.

Nein, unternehmen Sie bitte nicht alles auf einmal! Denn ich kann mir gut vorstellen, dass Sie vielleicht nicht sofort in den „Barmherzig sein"-Modus schalten können.

Kein Problem!

Manches braucht halt seine Zeit.

Es geht mir auch erst einmal nur darum, Sie zu berühren: mit Barmherzigkeit. Mit Gottes Achtsamkeit und Zuwendung zu uns Menschen. Mit ermutigenden Geschichten von Menschen, die anderen Barmherzigkeit erweisen.

Ich hoffe, es hat Ihnen gutgetan, zu sehen, wie ein wenig Barmherzigkeit die Welt weniger kalt und viel liebevoller macht.

Literaturverzeichnis

1   Roth, Michael: „EU und Corona. Ich hätte mir mehr sichtbare Zeichen der EU gewünscht", 12. Mai 2020, https://www.facebook.com/michael.rothmdb/posts/2380529062239816/
2   Evangelisch.de: „Kreuzfahrtschiffe in Hamburg dürfen überschüssiges Essen spenden" (epd), 24.09.2020, https://www.evangelisch.de/inhalte/176144/24-09-2020/kreuzfahrtschiffe-hamburg-duerfen-ueberschuessiges-essen-spenden
3   Jesus.ch: „Vorbild der Barmherzigkeit – Mutter Teresa wird heiliggesprochen", 17.03.2016, https://www.livenet.ch/news/international/289125-mutter_teresa_wird_heiliggesprochen.html
4   Kicker.de: Pongracic: „Ich werde ab morgen nicht Mutter Teresa sein", 04.03.2020, https://www.kicker.de/pongracic_ich_werde_ab_morgen_nicht_mutter_teresa_sein_-771377/artikel
5   Baltes, Guido: in mbs Jahrbuch: „Einblicke in jüdische Gottesbilder zur Zeit Jesu", 2010, S.26.
6   Ebd.
7   Kasper, Walter: „Barmherzigkeit. Schlüsselbegriff des Evangeliums – Schlüssel christlichen Lebens", Herder, 2014, S. 58.
8   Ebd.
9   Augustin, George: „Kraft der Barmherzigkeit", Grünewald, 2017, S. 28.
10 Wolff, Hans Walter: „Anthropologie des Alten Testaments, Gütersloher Verlagshaus, Gütersloh, S. 77ff.
11 Sauer, Ralph: „Sternbilder des Lebens – Authentische Christen im Porträt", Katholisches Bibelwerk, 2017, S. 42
12 TRLT – Archiv: http://hrichert.de/2009/wichtige-frauen-im-reichgottes-jackie-pullinger/
13 Leonardo Boff. Kleine Trinitätslehre. 1990. S.113
14 Deutschlandfunk: Feiertag – Kirchensendung, Archiv: https://www.deutschlandfunkkultur.de/uebersicht-kirchensendungen-im-deutschlandfunk-kultur.1124.de.html?dram:article_id=422549 – Beitrag vom 11.08.2013.
15 Mustaine, Dave: „Mustaine – Mein wahres ich", I.P., 2010, S. 104.
16 Ebd. S. 248.
17 Ebd. S. 255.
18 Bibellesebund – Mahatma Gandhi: https://www.bibellesebund.de/files/content_DE/PDFs_und_DOCs/Du_lebst-noch_Fragen/AB_Thema_9_Zitate.pdf
19 Berger, Klaus: „Das Vaterunser: Mit Herz und Verstand beten", Herder, 2014, S. 130–131.
20 Douglas-Klotz, Neil u. Onnen, Gitta: „Das Vaterunser: Meditationen und Körperübungen zum kosmischen Jesusgebet", Droemer Knaur, 2007, S. 61.

21 Yancey, Philip: „Gnade ist nicht nur ein Wort", SCM Brockhaus, 2002.

22 Bettina Sahling - Archiv: https://www.newslichter.de/2012/11/brucken-bauen/

23 https://www.swr.de/sport/hintergrund/michael-sternkopf-ksc-depressionen-100.html

24 Brigitte Woman: Interview mit Kristin Neff: *Sich selbst lieben - wie schaffe ich das?", https://www.brigitte.de/woman/leben-lieben/psychologie/psychologie--sich-selbst-lieben---wie-schaffe-ich-das--10147184.html*

25 Sportschau / SWR: *https://www.sportschau.de/regional/swr/swr-michael-sternkopf-eine-karriere-mit-aengsten-und-depressionen-story100.amp, 16.10.2020, + https://www.swrfernsehen.de/landesschau-bw/studiogaeste/michael-sternkopf-ex-ksc-fussballer-spricht-offen-ueber-depressionen-und-leistungsdruck-100.html*

26 Pro Medienmagazin: *„Ein Ausgebrannter brennt für Jesus"*, 13.11.2019, https://www.pro-medienmagazin.de/gesellschaft/menschen/2019/11/13/ein-ausgebrannter-brennt-fuer-jesus/

27 Royer, Hans Peter: „Wofür mein Herz schlägt: Glaube und Zweifel" 2018, SCM Hänssler, S.96–100.

28 Krone.at: *„16 Fische verendet – Freundin goss im Zorn Spülmittel ins Aquarium", 27.06.2020, https://www.krone.at/2180126*

29 Spiegel Panorama: Alexander Schwabe: *„Gott gießt seinen Zorn über Amerika", 7.9.2005, https://www.spiegel.de/panorama/juengstes-gericht-gott-giesst-seinen-zorn-ueber-amerika-a-373425.html*

30 Jödicke, Ansgar in: Galling, Kurt (Hg.) u. Campenhausen, Hans Freiherr von: „Die Religion in Geschichte und Gegenwart – Handwörterbuch für Theologie und Religionswissenschaft (7 Bände) Mohr, 2005, Band 8, S. 1902.

31 Halík, Tomás: „Berühre die Wunden. Über Leid, Vertrauen und die Kunst der Verwandlung", Herder, 2014. S. 18.

32 Pagel, Arno: „Licht im Osten", 1990, S. 165.

33 Zeit-Online: Evelyn Finger im Interview mit Kardinal Walter Kasper: *„Was heißt Barmherzigkeit?", https://www.zeit.de/2013/51/barmherzigkeit-kardinal-walter-kasper, 12.3.2020.*

34 Koch, Klaus in: Assmann, Jan (Hg.), Janowski, Bernd (Hg.), Welker, Gerd (Hg.): „Gerechtigkeit: Richten und Retten in der abendländischen Tradition und ihren altorientalischen Ursprüngen", Wilhelm Fink Verlag, München, 1998, S. 41f.

35 Zulehner, Paul, M.: „Gott ist größer als unser Herz. Eine Pastoral des Erbarmens", Topos, 2016, S. 59.

36 Kasper, Walter: „Barmherzigkeit. Schlüsselbegriff des Evangeliums – Schlüssel christlichen Lebens", Herder, 2014, S. 61.

37 Express-Online: Müller, Achim: *„Tolle Liebeserklärung – Verzeihen Fohlen-Fans endlich ‚Judas' Matthäus?", https://www.express.de/sport/fussball/borussia-moenchengladbach/tolle-liebeserklaerung-verzeihen-fohlen-fans-endlich--judas--matthaeus--27833970?cb=1609193742572, 21.6.2017.*

38 Kierkegaard, Sören: „Einübung in das Christentum", 1971. S. 246.

39 Drewermann, Eugen: „Wenn der Himmel die Erde berührt – Meditationen zu den Gleichnissen Jesu", Topos, Düsseldorf, 1992.

40 Strunk, Reiner: „Wer spricht von Trost. Entdeckungen in Literatur und Bibel", Evangelischer Verlag Stuttgart, 2020, S. 112.

41 Barth, Karl: „Die Kirchliche Dogmatik", KD II. 2, Theologischer Verlag, 1993, S. 516.

42 Gollwitzer, Helmut: „Krummes Holz – aufrechter Gang", Chr. Kaiser, 1973, S. 271.

43 Köhnlein, Manfred: „Die Bergpredigt", 2005, S. 138.

44 UNICEF: https://www.unicef.de/informieren/aktuelles/presse/2020/un-report-nahrungssicherheit-hunger/221914

45 Baltes, Steffi: „Elisabeth von Thüringen – Inspiration aus dem Leben einer ungewöhnlichen Frau", Francke-Buch, 2007.

46 Jesus.ch: *Frei von Ängsten und Schmerzen: ‚Jesus hat mich geheilt!'"*, *26.06.2020, https://www.jesus.ch/themen/people/erlebt/314992-jesus_hat_mich_geheilt.html?utm_source=dlvr.it&utm_medium=facebook*

47 Worthaus – Peter Wick: https://worthaus.org/worthausmedien/dasmys%C2%ADte%C2%ADri%C2%ADoese-von-der-rationalen-wunderkritik-ueber-den-postmodernen-wunderglauben-zurueck-zu-jesus-9-3-3/

48 Grün, Anselm: „Damit die Welt verwandelt wird", Vier-Türme-Verlag, 2011, S. 8.

49 Saint-Exupéry, Antoine de: „Die Stadt in der Wüste", Citadelle, 1992, S. 308.

50 Compassion -Die Geschichte von Compassion International: https://www.compassion.com/history.htm

51 Luther, Martin: „Kleiner Katechismus", Vaterunser.

52 Grün, Anselm: „Damit die Welt verwandelt wird", Vier-Türme-Verlag, 2011, S. 33.

53 Yancey, Philip: „Warum ich heute noch glaube", SCM R. Brockhaus, 2002, S. 84–85.

54 Ebd. S. 90.

55 Blog von Andrea Wegener: *https://andreasnotizen.jimdofree.com*

56 Deutschlandfunk Kultur: *Brand im Lager Moria – „Wir sind sehenden Auges in die Katastrophe gegangen", Diana Kinnert im Gespräch mit Korbinian Frenzel, 09.09.2020, https://www.deutschlandfunkkultur.de/brand-im-lager-moria-wir-sind-sehenden-auges-in-die.2950.de.html?dram:article_id=483843*

57 Blog von Andrea Wegener: *https://andreasnotizen.jimdofree.com*, Eintrag zu Sonntag, den 02.09.2018.

58 Statistisches Bundesamt: *Konsumausgaben der privaten Haushalte in Deutschland für Bekleidung und Schuhe in den Jahren 1991 bis 2019 (in Milliarden Euro), 22.07.2020, https://de.statista.com/statistik/daten/studie/161570/umfrage/konsumausgaben-privater-haushalte-in-deutschland-fuer-bekleidung-zeitreihe/*

59 Weltagrarbericht: *Wege aus der Hungerkrise – Wasser, https://www.* *weltagrarbericht.de/themen-des-weltagrarberichts/wasser.html*

60 NaturFreunde Deutschlands: *Leitfaden – Wassersparen mit Messer und Gabel, www.naturfreunde.de/sites/default/files/attachments/ nf_leitfadenkochbuch_web_1.pdf*

61 Steinlein, Christina u. Scheier, Mieke: „Ohne Wasser geht nichts!", Weinheim, 2020, S. 47.

62 Albert Schweitzer Stiftung: *Das steckt hinter einem Kilogramm Rindfleisch*, 01.11.2016, *https://albert-schweitzer-stiftung.de/aktuell/1-kg-rindfleisch*

63 Stern.de: Denise Snieguole Wachter: „*So viel Wasser verbrauchen unsere Lebensmittel – Platz 1 ist nicht Fleisch*", 10.05.2019, *https:// www.stern.de/genuss/essen/lebensmittel--so-viel-wasser-benoetigt-man-fuer-unser-essen_7996394-7996320.html*

64 Sueddeutsche.de: Frank Kürschner-Pelkmann: „*140 Liter für eine Tasse Kaffee*", 19. Mai 2010, *https://www.sueddeutsche.de/wissen/der-wasser-fussabdruck-140-liter-fuer-eine-tasse-kaffee-1.913295*

65 Taz.de: Ilona Eveleens: „*Nur Dreckwasser ist umsonst*", 27.09.2020, *https://taz.de/Trinkwassermangel-in-Kenia/!5713749/*

66 Handelsblatt.com: Jana Klose: „*Warum Nestlé so unbeliebt ist*", 05.10.2019, *https://orange.handelsblatt.com/artikel/40262*

67 En.Unesco.org: *Hydrology, https://en.unesco.org/themes/water-security/hydrology*

68 bpb.de: *Bevölkerungsentwicklung*, 01.07.2017, *https://www.bpb.de/ nachschlagen/zahlen-und-fakten/globalisierung/52699/bevoelkerungsentwicklung*

69 Gfa-news.de: „*UN-Gewässer-Konvention tritt in Kraft*", 15.08.2014, *https://www.gfa-news.de/webcode.html?wc=20140815_001*

Inspirierende Quellen
Gedanken von folgenden Autoren und Werken sind mit in dieses Buch eingeflossen:

- Bayrischer Rundfunk - Archiv: *https://www.br.de/themen/religion/ feiertage-jom-kippur-juedisch100.html*
- Bell, Rob:. „Die Bibel – faszinierend, einzigartig und voller Geheimnisse", Gerth Medien, 2018.
- Bistum Augsburg: Artikel einer Tagung von 2009: *https://bistum-augsburg.de/Hauptabteilung-VI/Akademisches-Forum/Chronik/JUDAS-ISKARIOT-eine-offene-Biografie_id_100000*
- Brandner, Tobias: „Gottesbegegnungen im Gefängnis", Lembeck, 2009.
- Deutschlandfunk: *https://www.deutschlandfunkkultur.de/barmherzigkeit-und-nochmal-barmherzigkeit.1124.de.html?dram:article_id=257310* ; *https://www.deutschlandfunkkultur.de/einmal-fischbauch-und-zurueck-die-auferstehung-des.1124.de.html?dram:article_id=383984*

- Deutsche Bibelgesellschaft: *www.bibelwissenschaft.de/wirelex/das-wissenschaftlich-religionspaedagogische-lexikon*
- Evangelisch.de - Predigten: *https://predigten.evangelisch.de/predigt/mehr-barmherzigkeit-wagen-predigt-zu-matthaeus-2531-46-von-thomas-ammermann-1*
- Heiligenlexikon: *https://www.heiligenlexikon.de/BiographienM/Marie_Schlieps.html* und *https://austria-forum.org/af/AustriaWiki/Marie_Schlieps*
- Katholisch.de: *https://www.katholisch.de/artikel/12612-zehnmal-zorniger-gott-in-der-bibel*
- Kleinert, Ulfried: *„Barmherzigkeit und Gerechtigkeit"*, Referat auf der 6. Tagung der X. Synode, 2005.
- Köhnlein, Manfred: „Gleichnisse Jesu – Visionen einer besseren Welt", Kohlhammer, 2009.
- Kurschuss, Annette: *https://www.kirche-im-wdr.de/nix/de/nc/start-seite/programuid/barmherzig/formatstation/wdr4/*
- Latzel, Thorsten: „Trotzdem. Von der geistlichen Kraft zum Widerstand in einer verrückten Welt", Books on Demand, 2019.
- McDonough, Andrew: „Jona und der Wal" (Wolle & Freunde Staffel 1, Band 2), SCM Hänssler, 2007.
- Päpstlicher Rat zur Neuevangelisation: „Gleichnisse der Barmherzigkeit", Schwabenverlag, 2015.
- Ran-Sport: *https://www.ran.de/fussball/england/news/fc-liverpool-mohamed-salah-der-ungewoehnliche-weg-des-aegyptischen-koenigs-102897*
- Schäfer, Georg: „Herzschrittmacher", Wege der Barmherzigkeit, Tyrolia, 2016.
- Schäffer, Willhem: „In der Sprache der Bilder", Predigten zu Gleichnissen, Echter Verlag, 1998.
- St .Stephens Society-Story: *http://www.ststephenssociety.com/en/story.php*
- Superkraft-Archiv: *https://superkraft.ch/2018/12/04/jackie-pullinger-mission-hongkong/*
- The Guardian–Archiv: *https://www.theguardian.com/news/2003/aug/27/guardianobituaries.health*
- Uschomirski, Anatoli: „Die Bergpredigt aus jüdischer Sicht", SCM Hänssler, 2020.
- Witt, Andreas: *https://www.vcp.de/pfadfinden/der-judaskuss-symbol-fuer-verrat/*
- Wright N.T.: „Matthäus für heute", Band 2, Brunnen Verlag, 2013.
- Wright N.T.: „Lukas für heute", Brunnen Verlag, 2016.

Bibliografische Information der Deutschen Nationalbibliothek
Die Deutsche Nationalbibliothek verzeichnet diese Publikation in der Deutschen Nationalbibliografie; detaillierte bibliografische Daten sind im Internet über *http://dnb.d-nb.de* abrufbar.

© 2021 by Joh. Brendow & Sohn Verlag GmbH, Gutenbergstr. 1, 47443 Moers

Bibelzitate entnommen aus:
Hoffnung für alle®, Copyright ©1983, 1996, 2002, 2015 by Biblica Inc.®
Verwendet mit freundlicher Genehmigung des Herausgebers Fontis, Basel.
Außerdem verwendet wurde:
Einheitsübersetzung der Heiligen Schrift, vollständig durchgesehene und überarbeitete Ausgabe, © Katholische Bibelanstalt, Stuttgart (EIN)
Gute Nachricht Bibel, durchgesehene Neuausgabe, © 2018 Deutsche Bibelgesellschaft, Stuttgart (GN)
Lutherbibel, revidiert 2017, © 2016 Deutsche Bibelgesellschaft, Stuttgart (LU)

ISBN 978-3-96140-184-0
1. Auflage 2021

Umschlaggestaltung: Silja Dreyer
Satz: Brendow Web& Print, Moers
Druck und Verarbeitung: GGP Media GmbH, Pößneck.
Printed in Germany

www.brendow-verlag.de